경극

차례
Contents

중국에서의 연극 전통

    연극은 그 탄생에서 발전에 이르기까지 인류의 노동과 생활에 밀접한 관계를 맺어왔으며, 인류의 생활을 재현하거나 인류의 바람을 표현하는 과정에서 시간과 공간을 아우르는 종합예술로 성장하였다. 이러한 연극의 특징은 세계가 함께 공유하는 것이지만, 그 중에서도 중국의 연극은 나름의 위상을 갖추고 있다.

    세계 희극예술의 역사에서 근간이 되었던 3대 주류를 꼽는다면 고대 그리스의 비극과 희극, 인도의 범극 그리고 중국의 희곡을 들 수 있다. 오랜 전통을 지닌 이 세 가지 희극문화는 이후 세계 연극 형식을 형성하는 데 큰 영향을 끼쳤다. 중국 희곡은 고대 그리스와 인도의 희극에 비해 발전 속도가 느리기는 했지만, 끊임없는 변화와 혁신을 통하여 지금까지도 그 생명력을 자랑하고 있다. 이처럼 중국 연극은 오랜 기간 연극의 전통을 꾸준히 이어왔다는 점에서 보면, 중국 문화예술사 측면에서나 세계 문화예술사 측면에서 중요한 역할을 담당하고 있다.

'희곡(戲曲)'은 중국의 전통 연극을 일컫는 독특한 용어이다. 근대의 대 학자였던 왕국유(王國維)는 송원남희(宋元南戲), 원명잡극(元明雜劇), 명청전기(明淸傳奇), 청대 지방희(地方戲)와 경극을 포함하는 중국의 전통 연극 맥락을 통틀어 '희곡'이라고 불렀다. 아울러 그는 "희곡은 노래와 춤으로 이야기를 풀어가는 것이다"라는 말로 중국 전통 연극의 본질을 정의하였다.

중국 희곡의 특징은 종합성과 허구성, 정형성(定型性)이라고 개괄할 수 있다. 우선, 중국 희곡은 노래[唱], 대사[念], 동작[做], 무술[打], 춤[舞] 등이 함께 어우러지는 종합 공연 형태로서 예술적 표현 수단이 매우 풍부하다. 무대 배경과 도구 및 춤사위 등과 같은 공간의 조형, 노래와 대사 및 반주 등의 시간예술, 수염과 깃털 및 장삼(長衫) 등의 복장과 화장 등의 보조 수단을 다양하게 이용하여 인물의 미묘한 심리 활동과 성격을 표현한다. 이처럼 대사와 음악, 미술, 퍼포먼스 등의 장점이 하나로 융화되면서 중국 희곡만의 독특한 매력을 발산하게 된다. (그러나 이러한 특징은 서구 연극에서도 찾을 수 있다.)

둘째로, 중국 희곡은 허구성이 있다. 인류 생활의 무한한 현상을 한정된 예술 수단으로 표현하기 위해서는 여러 가지 예술 기법이 필요하다. 현실을 완벽하게 재현해내기란 힘들다. 따라서 생활의 원형과 예술의 변형 사이에 '간격'이 존재할 수밖에 없는데, 이 간격을 보완해 주는 것이 바로 허구성이다. 희곡을 비롯한 중국의 전통예술은 외형의 재현에 치중하기보다는 사물의 내밀한 정신을 드러내는 데에 심혈을 기울인다. 이것이 바로 중국 전통예술의 미학관이다. 이러한 관점에서 허구성은 중국 희곡이 현실 생활을 반영하는 기본 수단이 되었다. 중국 희곡의 허구성은 먼저 무대 위에서 시간과 공간을 처리할 때 잘 드러난다. '삼일률(三一律)의 법칙'을 충실히 따르는 서구의 연극적 전통과 달리 중국 희곡은 시공간의 제약에서 자유롭다. 무대에서의 시공간은 극작가와 배우에게 완전히 일임되고, 관중의 암묵적인 동의 아래 무리 없이 펼쳐진다. 예를 들면, 무대를 한 바퀴 도는 것으로써 10여 만 리를 이동하였음을 표현하고, 몇 번의 북소리로써 밤이 지나고 날이 밝았음을 보여준다. 이런 모습은 시공간이 제한된 무대를 광활한 예술적 공간으로 교묘하게 변화시킴으로써 중국 희곡만의 독특한 미학적 전통을 이루게 되었다.

중국 희곡의 또 다른 특징은 정형성이다. '정형(定型)'이란 생활에서 볼 수 있는 동작들을 일정한 형태로 규범화시킨 것을 말한다. 예를 들어 문을 닫거나 말을 타는 동작은 사람에 따라 다를 수 있다. 그러나 예술에서는 가장 일반적인 동작을 하나의 격식으로 고정시킨다. 그리고 이후의 공연에서는 계속해서 고정된 격식을 사용하는 것이다. 이렇게 해서 한 동작에 대한 무대 정형이 생겨난다. 이런 정형을 사용하면 일상생활을 반영함과 동시에, (일상생활과) 일정한 거리를 유지할 수도 있게 된다. 즉, 일상생활에서 비롯되었으면서도 일상생활을 더욱 과장하거나 과감히 생략할 수 있게 되는 것이다. 그 결과 중국 희곡은 풍부한 리듬감과 뚜렷한 무용성을 띠게 되었다. 이러한 정형은 예술의 발전과 함께 끊임없이 변할 수 있다.

경극은 이러한 중국 희곡의 예술적 특성을 고스란히 간직하고 있다. '징쥐[Jing Ju]'란 경극(京劇)의 중국어 발음이다. '징'은 북경(北京)을 말하며 '쥐'란 연극을 말한다. 결국 경극이란 '북경을 중심으로 발전한 연극'을 말한다. 경극은 그 무한한 예술적 매력 때문에 중의(中醫), 중국화(中國畵)와 함께 중국의 3대 국수(國粹)로 평가받고 있다. 비록 중국 희곡의 발전사에서 가장 늦게 선보였지만, 중국의 미학적 전통을 잘 계승하여 오늘날에는 중국 고전문화의 진수로 세계에 널리 소개되고 있다.

북경에서의 탄생

경극은 청대에 새롭게 등장한 연극의 일종이다. 앞서 살펴보았듯이 중국의 희곡은 원대 잡극과 명·청대의 전기(傳奇)를 통해 크게 발전하였다. '전기'에는 각 지역의 특성에 맞는 소리체계[聲腔]가 있었는데, 그 가운데 '곤곡(昆曲)'의 영향력이 가장 컸다. 명대에는 이 곤곡이 연극계를 장악하고 있었다. 그러나 곤곡도 나름의 결점을 가지고 있었다. 우선 극본이 너무 길었다. 보통은 30막[出]으로 이루어졌고, 심지어는 50막으로 이루어진 작품도 있었다. 그러다 보니 한 작품을 공연하는 데 3~4일은 기본이었다. 둘째로는 극본의 문장이 고상한 문언문으로 씌어져 일반 대중이 이해하기 힘들었다는 점이다. 일반 대중은 길이가 짧고, 통속적인 대사를 주고받으며, 활기가 넘치는 연극을 좋아하였다. 그래서 생겨난 것이 바로 경극이다.

경극의 초기 형성 과정

경극은 피황(皮黃) 소리체계에 속한다. '피황'이라는 이름은
서피(西皮)와 이황(二黃)의 소리체계를 합한 것이다. 서피는 호
북(湖北) 지역에서 기원하였으며, 한조(漢調)의 가락을 구성하
는 주요 소리체계이다. 그런데 서북 가락[梆子]의 영향을 받았
기 때문에 '서피'라고 부르는 것이다. '이황'은 안휘(安徽) 지
역에서 기원하였으며, 휘조(徽調)의 가락을 구성하는 주요 소
리체계이다. 그 후 이황은 의미가 확대되어 남방에서 유행하는
여러 민간 곡조를 융합하여 만든 소리체계를 뜻하게 되었다.
경극은 200여 년의 역사를 가지고 있다. 경극의 탄생 과정
을 알기 위해서는 먼저 휘반(徽班)의 북경 진출부터 살펴보아
야 한다. 만일 휘반의 북경 진출이 없었다면 오늘날의 경극은
존재할 수 없었을 것이다. 청나라 건륭(乾隆, 1736~1795)과 가
경(嘉慶, 1796~1820) 연간에 북경의 연극계에는 삼경(三慶),
사희(四喜), 화춘(和春), 춘대(春臺) 등 네 개의 유명한 휘반이
활약하고 있었다. 사람들은 일반적으로 이들을 총칭하여 '4대
휘반'이라고 하였다. 휘반이란 안휘(安徽, 특히 안경(安慶) 지
역) 출신의 배우들로 구성된 극단을 일컫는다. 그들은 안휘가
락[徽調]을 위주로 노래하였으며, 이황(二黃), 곤곡(昆曲), 방자
(梆子), 라라(羅羅) 등의 가락도 함께 노래하였다. 그들은 초창

기에 안휘, 호북, 강서, 강소, 절강 등지에서 활동하였다. 특히 양주(揚州)에서의 활약은 대단하였다. 건륭 55년(1790), 건륭 황제의 생일을 축하하기 위해 전국에서는 갖가지 진상품을 마련하느라 분주하였다. 연극을 통해 황제를 기쁘게 하는 것도 여기에 포함되었다. 그래서 양주에서는 유명한 배우인 고랑정(高朗亭)을 단장으로 하는 삼경반을 북경으로 보내 황제를 위해 공연토록 하였다. 이것이 바로 휘반이 북경으로 진출하는 시발점이 되었다. 이후로 사희, 계수(啓秀), 예취(霓翠), 화춘, 춘대 등의 안휘 극단이 속속 진출하면서 거대한 세력을 형성하였다. 아울러 자체적인 조정을 거쳐서 4대 휘반을 형성하게 되었다.

당시 중국사회는 상대적으로 안정 국면에 접어들어 경제가 번영하고 있었다. 따라서 각 지역마다 특색 있는 연극이 전국적으로 성행하였다. 당시 경강(京腔)이라고 불렸던 고강(高腔)과 진강(秦腔) 등은 휘반에 앞서 북경에 진출하여 후발 주자들에게 일정한 영향을 끼쳤다. 휘반은 북경에 진출한 뒤 각 지방 연극의 장점을 수용하고 단점을 보완하여 더욱 성장하였다. 특히 다양한 극 소재, 특색 있는 가락과 연기 방법 등 진강의 장점을 폭넓게 수용하였다. 도광(道光, 1821~1850) 연간에 이르면 호북 지방의 배우 여삼승(余三勝) 등이 북경으로 진출하였다. 그들은 '초조(楚調)'의 진출을 이끌었고, 당시 연극계의 주도권을 장악하고 있던 휘반이 자연스럽게 이 초조의 장점을 흡수하였다.

이처럼 경극은 휘조와 한조가 합류하면서 초기 형성 과정을 거친다. 그 후 태평천국의 난(1851)이 청 정부에 의해 간신히 진압되고 사회가 어느 정도 안정을 되찾게 되자 한동안 위축 되었던 연극 활동 역시 활기를 띠었다. 함풍(咸豊, 1851~1861) 과 동치(同治, 1862~1874) 연간에 '삼인방[三鼎甲]'이라고 불 리던 정장경(程長庚), 장이규(張二奎), 여삼승 등이 그 기폭제 가 되었고, 그들의 뒤를 이어 담흠배(譚鑫培), 왕요경(王瑤卿), 전제운(田際雲) 등의 뛰어난 배우들이 활약하였다. 이들은 선 배들의 예술적 성과를 바탕으로 하여 피황희의 개혁을 주도하 였다. 이 시기가 피황희에서 경극으로 넘어가는 가장 중요한 시기이다. 당시 경극은 남부와 북경 및 중부 등, 여러 지역의 가락을 함께 수용하다 보니 발음과 대사의 측면에서 일관성이 없었다. 앞서 열거한 배우들은 이런 단점을 보완하여 소리와 대사를 통일함으로써 관중의 이해도를 높이고, 언어상의 괴리 감도 크게 줄였다. 그 결과 지역적 한계를 극복할 수 있었고, 중국 전역에 경극을 보급하는 데 결정적인 역할을 하였다.

특히 동치와 광서(光緖, 1875~1908) 연간에 활동한 13명의 유명 배우를 일컬어 '동광 13절(同光十三節)'이라고 부른다.

동광 13절.

정장경, 노승규, 양월루, 장승규, 담흠배, 서소향, 매교령(梅巧玲), 시소복, 유간삼(劉赶三), 여자운, 학란전, 주련분, 양명옥(楊鳴玉) 등이 바로 그들이다. 담흠배는 노생(老生) 전문 배우로서 '소규천(小叫天)'이란 예명이 있었다. '규천'은 높고 맑은 소리를 내는 새 이름이었다. 사람들은 담흠배를 이 새 이름으로 칭함으로써 그 목소리를 칭찬한 것이다. 그는 '담파(譚派)'를 형성하여 일세를 풍미하였으니, "담흠배에게 배우지 않으면 소리는 없다!"는 명성을 얻을 정도였다. 유명한 현대 경극 배우인 담부영(譚富英)이 바로 그의 손자이고, 담원수(譚元壽)는 그의 증손자이다. 매교령은 단(旦) 전문 배우로서 극단 사희반(四喜班)의 주인이었다. 그는 현대 경극계의 거두 매란방(梅蘭芳)의 할아버지이다. 양명옥은 배우이면서 극작가로도 활동한 인재였다. '13절' 가운데 가장 용감했던 사람은 유간삼이었다. 그가 활동하던 당시에는 광서제가 황제의 자리에 있었으나 실질적으로는 자희태후(慈禧太后), 즉 서태후가 권력을 잡고 있었다. 그래서 경극을 관람할 때에도 자희태후는 좌석에 앉아 있고, 광서제는 그 옆에 서 있어야 했다. 이러한 모습을 지켜보던 유간삼은 어느 날 공연 도중에 대사를 핑계로 다음과 같이 말하였다. "내가 가짜 황제의 역할을 한다고 좌석을 만들 생각 마라! 진짜 황제도 매일 서 있는데 자리가 무슨 필요 있는가?" 자희태후는 유간삼의 말에 담긴 저의를 알았으나 못 들은 척 흘려보냈다. 그러나 이처럼 용감하던 유간삼도 당시 정계의 거물이던 이홍장(李鴻章)의 과실을 비꼬는 대사를 했다가 죄를 얻어 억울한 죽음을 당하고 말았다.

이런 배우들의 노력으로 휘반이 북경에 입성한 지 60여 년 만에 경극은 성숙 단계로 접어들었다. 그러나 경극의 발전에 아무런 장애가 없었던 것은 아니었다. 처음에는 당시 연극계를 주도하던 지식인들이 곤곡을 고집하며 새로운 경극을 무시하였다. 심지어 곤곡을 '고급예술[雅部]'로 부르고 경극을 비롯한 각종 지방극을 '저급예술[花部]' 또는 '무질서극[亂彈]'이라고 부르며 편 가르기를 시도하였다. 그러나 대중의 취향은 이미 경극을 비롯한 각종 지방희로 굳어지고 있었다. 어쩔 수 없이 당시 극단과 배우들은 (관객의 구미를 맞추기 위해) '고급예술'과 '저급예술'에 모두 능통해야만 했다. 그러나 이 과정에서 경극은 자신의 예술적 역량을 키우며 성장할 수 있었으니, 아이러니가 아닐 수 없다.

경극 명칭의 변천

앞서 살펴보았듯이 당시 휘강은 '이황(二黃)'조에 속한 독립적인 음악체계였다. 그리고 '한조' 역시 '서피(西皮)'조를 위주로 한 독립적인 음악체계였다. 따라서 경극은 형성 초기에는 일반적으로 '피황' 또는 '이황'으로 불렸다. 그러다 1920년대에 이르면 매란방이나 여숙암(余叔岩) 등과 같은 대 배우들이 등장하여 경극의 면모를 해외에 널리 소개하고, 세계 연극계에 큰 파장을 불러일으킨다. 이로써 중국의 경극은 스타니

슬라브스키와 브레히트의 연극론와 함께 세계 3대 공연체계로 손꼽히게 되고, '국극'이란 호칭을 얻게 된다. 1928년, 국민당 정부가 북경의 명칭을 '북평(北平)'으로 바꾸자 경극 역시 '평극'으로 불리게 되었다. 아울러 서구문화의 유입과 함께 현대적 의미의 연극인 신극(新劇) – 중국에서는 이를 화극(話劇)으로 부른다 – 과 문명희(文明戱)가 대두하자 경극은 상대적으로 '구극'으로 불리기도 하였다. 1949년 10월, 중화인민공화국이 성립되면서 중국 정부는 북경의 이름을 되찾아 주었다. 따라서 경극 역시 본래의 이름을 되찾게 되었다.

현장에서 만들어진 경극 문학

연극의 대본이 되는 희곡은 종종 문학적 근거로 제시된다. 그러나 공연예술로서의 연극과 문학으로서의 희곡 사이에는 엄연한 차이가 존재한다. 중국의 문화예술사에서 연극은 시종 하급예술로 천대받아 왔다. 따라서 공연의 기본 텍스트로서의 희곡은 온전한 모습으로 전해지기가 힘들었다. 반면에 문학작품으로서의 희곡 창작은 지식인들의 여가활동에 의해 꾸준히 발전할 수 있었다. 그 결과 중국 희곡은 수많은 작품을 남겼고, 그중 몇몇 유명 작품들은 지금까지도 꾸준하게 대중의 사랑을 받고 있다. 대표적으로 원 잡극의 작가 관한경은 「칼 한 자루의 만남 單刀會」 「망강정 望江亭」 「두아의 원한 竇娥寃」 등의 작품을 남겼으며, 그 인기는 여전하다. 이밖에도 마치원의

「한궁의 가을 漢宮秋」, 왕실보의 「서상기 西廂記」, 전기 작가인 탕현조의 「모란정 牧丹亭」, 공상임의 「복사꽃 부채 桃花扇」, 홍승의 「장생전 長生殿」 등이 있다.

이처럼 경극은 200여 년의 역사를 통해 수많은 작품을 양산해 왔다. 1989년에 출판된 『경극극목사전 京劇劇目辭典』에는 총 5,300여 편의 제목이 실려 있다. 수록되지 않은 작품까지 계산한다면 그 분량이 매우 방대함을 알 수 있다. 앞서 살펴보았듯이 경극은 청 중엽 이후로 발전한 신생 연극 형태로서 당시의 '유행 음악'이었다. 그만큼 형성 과정이 짧았기 때문에 공연 대본의 상당수는 기존의 대본에서 차용할 수밖에 없었다. 원대의 잡극과 금대의 원본 및 명·청대의 전기 등의 장르에 속한 작품들이 경극의 각종 레퍼토리에 튼튼한 기초가 되었고, 특히 '삼국 이야기'나 '수호(水滸) 이야기' '동주(東周) 열국(列國) 이야기' '악비(岳飛) 이야기' 등 역사연의와 영웅전설에서 많은 소재를 빌어 왔다.

그 가운데 「타어살가 打漁殺家」는 「수호후전 水滸後傳」의 이야기를 바탕으로 만들어졌다. 「경정주 慶頂珠」라고도 부르는 이 작품은 소은(蕭恩)의 이야기이다. 그는 바로 수호 이야기에 나오는 양산박 호걸 중의 한 사람인 이준(李俊)으로서, 송강(宋江)이 죽자 신분을 감추고 딸 계영(桂英)과 함께 태호(太湖)변에서 고기를 잡으며 살고 있었다. 그런데 그곳의 건달인 정자섭(丁自燮)이 관리들과 짜고 어부들에게 고기잡이에 대한 세금을 강요하였다. 참다 못한 소은은 정자섭이 보낸 졸자, 대교사(大教師)를 두들겨 혼내 주었다. 그러자 관가에서는 오히려 정자섭 편을 들어 소은을 처벌하였다. 이 세상이 평안한 삶을 허락지 않는다는 사실을 알게 된 소은은 딸과 함께 정씨 일가를 죽이고 또다시 반항의 길로 나서게 된다. 이 극본은 숨어 지내던 영웅이 다시금 반항의 마음을 갖게 되는 과정을 단계적으로 잘 그려내었다. 아울러 인물의 성격을 훌륭하게 묘사하였고, 각 성격의 대비를 잘 이끌어내었다. 특히 악랄하면서도 두려움이 많은 졸자와 영웅의 기개를 갖춘 소은의 두 친구를 통해 주인공의 성격을 더욱 부각시켰다.

이처럼 경극은 이전부터 전해지던 이야기를 바탕으로 했는데, 그 후 경극의 발전과 더불어 그에 맞는 극본의 창작이 필요하게 되었다. 경극 고유의 대본 창작은 삼경반이 북경으로 진출하면서 시작되었으며, 극작가의 대다수는 당시의 경극 배우들이었다. 그 가운데 가장 잘 알려진 작가는 심소경(沈小慶)과 장승규, 노승규, 왕소농, 성조재 등이다. 배우 출신 작가들은 일반적으로 공연의 필요에 의해 작품을 쓰기 때문에 무대와 동작을 충분히 고려하였다. 따라서 경극의 대본은 당시에 유행하던 곤곡 대본처럼 문학성이 뛰어나지는 않았지만, 창작과 실천을 하나로 엮는다는 측면에서는 높은 성과를 거두었다.

무생(武生) 전문 배우였던 심소경은 평소에 동료들과 함께 책방에 가서 각종 책에 대해 품평을 주고받곤 하였다. 그는 그 와중에 알게 된 소설『시공안 施公案』에 매료되었고, 후에 이를 바탕으로 「오호촌 惡虎村」「연환투 連環套」「낙마호 落

馬湖」「팔납묘 虮蠟廟」 등의 경극 극본을 창작하였다. 이 극본들은 대부분 강호 영웅의 기개가 넘쳐나고 무술 장면이 뛰어나 관중의 관심을 끌었다. 또 '13절' 중의 한 사람인 장승규 역시 「시공안」을 바탕으로 「팽공안 彭公案」「네 명의 진사 四進士」 등의 극본을 창작하여 많은 사랑을 받았다.

「네 명의 진사」는 명 가정(嘉靖, 1522~1566) 연간의 일을 다루고 있다. 네 명의 진사인 모붕(毛朋), 전륜(田倫), 고독(顧讀), 유제(劉題)는 동시에 북경을 떠나 관리가 된다. 그들은 북경을 떠나기에 앞서, 부임하게 되면 반드시 백성을 위해 일하고, 사리사욕을 탐하지 않을 것을 맹세한다. 그러나 오래지 않아 전륜은 누이의 출세를 위해 고독에게 뇌물을 주어 자신의 맹세를 깨고 만다. 원래 전륜의 누이는 하남성 상채(上蔡)현의 부자 요씨(姚氏)에게 시집갔었다. 그런데 남편이 죽자 그녀는 남편의 재산을 가로채기 위해 시동생을 죽이고, 시누이인 양소정(楊素貞)을 포목상인 양춘(楊春)에게 팔아넘긴다. 그런데 양춘은 비록 상인이었지만 돈만 아는 사람이 아니었다. 그는 양소정의 처지를 안타깝게 여기고 그녀와 오누이 관계를 맺은 다음 그녀의 원한을 풀어주기로 결심한다. 그리고는 상채현의 현장을 찾아간다.

한편, 상채현의 현장이 된 유제는 공무를 뒷전으로 미룬 채 술로 세월을 보냈다. 그래서 양춘과 양소정은 할 수 없이 상채현의 상부 관리인 신양주(信陽州) 주지사에게 이 사실을 고발하였다. 그런데 신양주 주지사가 바로 친구인 고독이었다. 그래서 전륜이 고독에게 뇌물을 주어 누이의 허물을 덮으려고 했던 것이다. 그 뒤 양춘과 양소정은 중간에서 헤어지게 되고, 여관을 운영하던 송사걸(宋士杰)이 양소정을 거두어 의녀로 삼게 된다. 송사걸은 관청의 말단 관리를 지내면서 매사에 열심히 생활하였고 공평무사하게 처신하였다. 그때 뇌물을 전달하기 위해 전륜이 보낸 하수인이 마침 송사걸의 여관에 묵게 되었다. 송사걸은 한밤중에 몰래 전륜의 편지를 보게 되고 사건의 전말을 알게 된다.

결국 고독은 뇌물을 받고 양심을 등진 채 오히려 양소정에게 친아버지를 살해하였다는 누명을 씌운다. 이에 송사걸이 나서서 고독이 뇌물을 받았다는 사실을 밝히기 위해 백방으로 노력한다. 그러자 화가 난 고독은 송사걸을 흠씬 두들겨서 관청 밖으로 내쫓는다. 이때 양춘이 나타난다. 그는 도중에 한 점쟁이를 만나 그간의 사건 전모와 억울한 사정을 적은 고발장을 만든다. 그 고발장이 감찰사였던 모붕에게 들어가고, 모붕은 사건 수사에 착수한다. 결국 전륜과 고독 및 유제는 모두 파면당하고, 전륜의 누이 또한 처벌받는다. 송사걸 역시 백성의 신분으로 관리를 고발한 죄로 처벌받게 되었다. 그러나 양춘은 자신이 신양주로 오던 도중에 만난 점쟁이가 바로 모붕이었음을 알게 된다. 그래서 양춘은 고발문이 모붕의 묵인 하에 작성된 것임을 강조하고 송사걸은 죄가 없음을 주장하였다. 덕분에 결국 송사걸은 무죄가 인정되어 석방된다. 연극은 대단원의 북소리와 함께 막을 내린다.

내용에서도 알 수 있듯이 작품의 제목은 비록 「네 명의 진사」이지만 극의 중심인물은 송사걸이다. 그는 관청의 속내를 훤히 꿰뚫고 있으며 대담하고 의협심이 강한 인물이었다. 그래서 탐관오리와 당당히 맞서서 이길 수 있었다. 관중은 그가 관청의 대청마루에서 주지사의 잘못을 통렬하게 비난하는 장면을 보며 통쾌한 느낌을 만끽하였다.

또 한 명의 작가인 노승규(盧勝奎)는 동광 13절 중의 한 사람으로서, 안휘성 출신의 지식인이었다. 그 당시는 혼탁한 정치 상황과 더불어 과거제도 역시 부패의 극으로 치닫고 있었다. 그는 수 차례 과거에 응시했으나 번번이 떨어졌다. 이후 그는 더 이상 관료 진출의 길에 연연해 하지 않았다. 그는 평소 경극에 관심이 많았고, 예술적 소양도 갖추고 있었는데, 결국 정장경이 이끄는 삼경반에 가입함으로써 연극계에 정식으로 발을 들여놓게 되었다. 때마침 '삼인방(삼정갑)' 중 장이규가 크게 이름을 떨치고 있었기 때문에 '승규'라는 예명을 얻고, 배우로서 각고의 노력을 기울였다. 덕분에 삼국 이야기에서 제갈공명 역을 전담하여 공연하였고, 당시 '살아 있는 공명[活孔明]'이란 칭찬을 들었다.

그는 연기자로서 뿐만 아니라 극본 창작에도 재능을 나타내었다. 그는 삼국 이야기에 근거한 각종 공연과 대본을 바탕으로 36막에 이르는 장편 연속극 「삼국지」를 써냈다. 이는 경극의 창작 방법과 기술 측면에서 후배 작가들의 모범이 되었으며, 현재까지도 많은 부분이 꾸준히 공연되고 있다. 이 장편 연속극 「삼국지」는 삼경반이 자랑하던 대표적인 레퍼토리로서 매년 한 차례만 공연하였다. 따라서 당시 관중에게 「삼국지」 관람은 일 년에 한 번 찾아오는 소중한 기회일 수밖에 없었다. 정장경, 서소향, 노승규, 양월루, 황윤보, 전보봉 등 삼경반의 배우들은 이 공연을 통해 각각 '살아 있는 노숙, 주유, 공명, 조운, 조조, 장비'라는 칭호를 얻었다. 노승규 역시 이 작품을 통해 경극 최초의 극작가라는 영예를 얻게 되었다.

이밖에도 경극 문학에서 노승규처럼, 배우이면서 대본 창작에도 실력을 발휘한 인물로 왕소농(汪笑儂, 1858~1918)이 있다. 그는 만주족 팔기자제로서 자는 윤전(潤田)이고, 호는 앙천(仰天)이며 본명은 더흐찐[德克金]이었다. 과거에 합격하여 지현(知縣)으로 일하다가 호족의 눈 밖에 나 관직을 박탈당하였다. '왕소농'이란 이름에 관해서는 숨은 이야기가 있다. 그는 어릴 때 노래를 배우면서 당시 유명 배우였던 왕계분(汪桂芬)을 지극히 흠모하여 그의 모든 동작과 발성을 모방했다는데, 왕계분은 그를 쳐다보지도 않고 오히려 다른 사람들 앞에서 그를 비난했다고 한다. 이에 화가 난 그는 일부러 이름을 '왕계분이 비웃은 놈'이라 짓고 스스로를 담금질하여 높은 실력을 갖추게 되었다는데, 물론 사실 여부는 확인할 길이 없다.

왕소농은 박학다식하고 시 창작에도 능했기 때문에 대본을 창작할 때에도 문학성과 감성을 아우를 수 있었다. 아울러 배우 생활을 하였기에 실제 공연을 위한 배려에도 뛰어났다. 그는 청말 민국 초의 격변하는 정세 속에서 유신당원들의 개량

사상에 많은 영향을 받았다. 그 결과 예술을 통해 기존 교육제도의 개혁을 주장하여 강렬한 반대에 부딪히기도 하였다. 그가 창작하거나 개편 및 정리한 극본 중 상당수는 중국 역사에 바탕을 둔 것이었다. 그는 이를 통해 당시의 상황을 교묘하게 풀어내었다. 그의 대표작인 「당인비 黨人碑」는 북송의 선비 사경선(謝瓊仙)이 술에 취해 당인비를 훼손한 이야기를 담고 있다. 당인비는 왕안석의 신법(新法)을 칭송하고 사마광 등의 구법 인사를 죄인으로 규정하기 위해 북송의 재상이었던 채경이 세운 비문을 말한다. 그러나 속으로는 무술변법(1898)으로 죽은 담사동 등 '여섯 명의 의인[六君子]'을 기리기 위한 뜻을 담고 있다. 왕소농은 그를 통해 우매한 민중에 대한 탄식과 부패한 정부에 대한 분노를 담아내어 당시 연극계에 깊은 인상을 심어주었다.

그의 또 다른 작품인 「사당 안의 곡소리 哭祖廟」는 『삼국연의』의 이야기를 바탕으로 한 것이다. 삼국 시대 말, 위나라 병력이 촉나라를 위협하자 후주 유선(劉禪)은 위나라에게 항복하기로 결심하지만 아들 유심(劉諶)의 강력한 반대에 부딪힌다. 화가 난 유심은 궁으로 돌아가 아내에게 자살을 강요하고, 스스로 세 아들의 목을 베어 받쳐 들고, 조상신을 모신 사당에 가 통곡한다. 그리고 결국 자신도 칼로 자살하고 만다. 왕소농은 이 작품을 통해 서구 열강에 무릎 꿇은 청 정부의 처사를 줏대 없는 유선에 비유하여 비판한 것이다. 이처럼 「사당 안의 곡소리」는 시사 문제와 밀접하게 연관을 맺고 있었지만 전통적인 제재에서 벗어나지는 않았다.

그러나 또 다른 작품인 「과종란인 瓜種蘭因」은 구태의연한 중국 역사의 틀에서 벗어나, 파국으로 치닫는 폴란드의 비참한 역사를 다루었다. 이 작품을 통해 왕소농은 "민족의 단결과 피땀 어린 노력 없이는 생존할 수 없다"는 진리를 주장하였다. 이 작품의 영향력은 정말 대단하였는데, 이는 이전의 전통 연극 무대에서는 상상할 수 없는 현상이었다. 극중 인물도 더 이상 거추장스러운 경극 의상을 입지 않고 당시의 현대적인 '개량복' 차림을 하였다. 그러자 이 연극은 당장에 진보적 지식인들의 관심을 끌었다.

내용과 형식 면에서 경극의 레퍼토리는 '문인희'와 '무인희', '2인극'과 '다인극' 등 몇 가지 유형으로 나눌 수 있다. '문인희[文戲]'란 그 이름처럼 무술보다는 대사와 노래 및 무용 등을 위주로 하는 공연으로서, 관례상 '노래극[唱工戲]' 또는 '동작극[做工戲]'으로 불린다. '무인희[武戲]'는 군인과 무술 공연을 위주로 하는데 인물에 따라 공연이 달라진다. 또한 인물의 신분에 따라 복장도 달라지기 때문에 '장고희(長靠戲)' '전의희(箭衣戲)' '단타희(短打戲)' '번타희(翻打戲)' 등의 구분이 생긴다. 예를 들어 「장판파 長坂坡」 속의 조운(趙雲)은 촉나라의 오호상장(五虎上將) 대열에 속한 인물이다. 따라서 무대에서는 어깨에 사령기를 꽂고, 손에는 은빛 창을 들고 몸에는 전신갑주[大靠]를 입은 위무장군(威武將軍)으로 나온다. 이런 유형의 배역을 위주로 하는 레퍼토리를 '장고희'라고 한다.

'2인극[對兒戲]'은 2인의 배역이 서로 호응하면서 대사와 노래를 통해 극의 내용을 이끌어 가는 형태를 말한다. '다인극[群戲]'은 여러 배역을 고루 갖추고 문인희와 무인희를 겸비한 형태를 말한다. 다양한 레퍼토리만큼이나 그 풍격도 다양하여 희극과 비극, 소극(笑劇)과 풍자극 등을 총망라하고 있다.

경극의 형식 또한 내용만큼 다채롭다. 우선 앞서 노승규의 작품 「삼국지」가 '장편 연속극[連臺本戲]'이라는 사실을 살펴보았다. 이것은 일반적으로 '장편 대형극[長本大戲]'이라고도 부르며 오늘날의 연속극과 유사하다. 적게는 10여 편, 많게는 20여 편으로 이루어져 있다. 이야기가 길고 많은 인물이 등장하며 줄거리가 복잡하기 때문에 각 편의 말미에 '구자(扣子)'를 두어 관중을 끌어들인다. '구자'란 모순과 갈등이 첨예하게 대립하고, 이야기 전개상 파란이 일어나 급변하는 상황을 말한다. 다음으로 '단편극[單本劇]'이 있다. 비록 장편 연속극처럼 내용이 풍부하지는 않지만, 이야기 구조가 압축되고 정련되어 관중의 많은 사랑을 받았다. 현재는 기본적으로 이 형식을 채용하여 희곡을 창작한다. 이밖에 '마디극[折子戲]'이란 것이 있다. 원 잡극과 명 전기의 각 작품은 4마디(또는 장)에서 10여 마디로 나뉘어 있었다. 그중 몇몇 마디는 상대적으로 완정한 형태를 띠었고 공연 역시 특별히 아름다웠다. 그래서 어떤 경우에는 그 마디만 따로 떼어 단독으로 공연하기도 하였는데, 이를 '마디극'이라고 불렀다. 경극이 생겨난 뒤, 작품의 편폭이 길어지면서 구조가 엉성하고 리듬이 산만해지는 상황이 잦아졌는데, 그러자 일부 연출자들이 가장 아름다운 부분을 골라 수정과 보완을 거쳐 세련된 내용과 정채(精彩)한 공연을 특징으로 하는 공연 형식으로 재탄생시킨 것이다. 그 결과 마디극에는 노래, 대사, 무술 동작, 춤 등의 장점이 고루 표현되었고, 점차 관중이 즐겨 찾는 주요한 경극 형식이 되었다.

경극 배우 되기

경극 배우가 되기 위해서는 몇 가지 양성 과정 중 하나를 거쳐야 한다. 극단에 입단하기, 배우 모시기, 개인 지도 받기, 아마추어 활동하기 등이 그 형태로서, 일정 기간의 훈련이 필수이다.

극단 입단

경극 극단은 역대로 배우를 양성하는 주요 수단이었다. 옛날에는 대부분 가난에서 벗어나고자 극단에 들어갔다. 기본적인 의식주를 해결할 수 있었기 때문이다. 학생은 일 년 중 아무 때나 입단 수속을 할 수 있었다. 입단하고자 하는 사람은 대부분 어린이(7-8세 전후)이므로, 보호자가 학생을 극단으로

데려온다. 1~2개월의 적응 기간을 거친 뒤 보호자는 입단 수속을 하며, 이때 '관서(關書)'라는 계약서에 서명하게 된다. 계약서에는 학습 기간과 극단의 책임, 보호자나 중개인의 책임 등을 기록하였다. 학습 기간은 일반적으로 7년이었고, 때로는 1~2년간 연장되기도 하였다. 극단은 학습 기간 동안 학생의 의식주를 책임져야 했다. 그러나 극단의 과실이 아닌 이상, 학생의 죽음은 책임지지 않아도 되었다. 만일 학생이 중도에 과정을 포기하거나 이탈할 경우 보호자나 중개인이 7년 교육 기간의 비용을 전부 지불해야 했다. 입단이 성립되면 학생은 차례로 '기본 교육'과 '전문 교육'을 받았다. '기본 교육'은 입단한 학생이라면 모두가 갖추어야 할 기술을 연마하는 것으로서, 신체 훈련과 성악 훈련 등이 위주가 되었다. '전문 교육'은 각 학생들의 장점을 살려 실시하는 특화된 지도를 일컫는다. 과거에는 일반적으로 체벌을 통해 교육이 이루어졌고, 대다수 지도자들이 '때리지 않으면 나아지지 않는다'고 생각하고 있었다. 학생들이 가장 두려워하는 것은 '단체 기합[打通堂]'이었다. 그래서 경극 배우들은 자신들의 학습 기간을 일컬어 '7년 감옥살이[七年大獄]'라고도 하였다.

배우 모시기

'배우 모시기'란 배우가 개인적으로 제자를 두어 기술을 가르치는 형태를 말한다. 이런 개인 제자들은 대부분 가난한 집 아이들이었다. 이 때에도 극단의 입단 계약서와 비슷한 계약서를 주고받는다. 그런데 그 조건은 학생 측에 더욱 불리한 경우가 많았다. 계약이 성립된 당해 연도는 교육 기간에서 제외했고, 7년 교육 기간이 지나면 일 년간 무상으로 스승을 모셔야 했기 때문에, 교육 기간은 총 9년이었다. 제자는 또 경극 공부 이외에 스승의 각종 잡무를 떠맡아야 했다. 이 경우의 교육은 극단 교육과 달라서, 학생이 먼저 자신이 원하는 배역을 정하고 그 분야에 정통한 스승을 택해 제자로 들어가기 때문에, 처음부터 특정 배역에 관한 기술만을 집중적으로 교육한다. 그러나 교육 도중에 학생의 목소리와 체형이 변하여 목표로 했던 배역에 맞지 않게 되었을 경우에는 할 수 없이 다른 스승을 찾아가야 했다. 이들은 일정한 학습 기간이 지나면 무대를 빌려 전문 극단 혹은 아마추어 극단의 배우들과 함께 실제 연기를 연습하였다. 배우를 모시는 제자들은 극단의 배우와 마찬가지로 매우 폐쇄적이고 봉건적인 생활을 할 수밖에 없었다. 따라서 교육 기간 동안 학생들은 개인의 자유를 누릴 수 없었다. 특히 배우를 모시는 제자들은 노예나 다름없었다. 스승은 학생의 목숨을 좌우할 수 있었고, 일부 삐뚤어진 스승은 제자에게 신체적·성적 학대를 가하기도 하였다.

개인 지도

'개인 지도'란 가정교사를 초빙하여 연기를 지도하는 것으로, 이는 경극 예술인 가정에서 자녀를 교육하기 위해 채택하던 일반적인 방법이었다. 집안의 형편과 자녀의 재능에 따라

한 명 또는 여러 명의 교사를 초빙하여 여러 분야에 대해 집중적이고 자세하게 교육받을 수 있었다. 경극 예술가 집안에서 태어나 일생 동안 이름을 떨친 경극 배우 매란방 역시 어릴 때부터 이러한 개인 지도를 통해 당대의 유명한 스승들에게 최고의 교육을 받을 수 있었다. 개인 지도를 받는 학생도 배우를 모시는 제자들처럼 일정 기간이 지나면 무대를 빌려 실제 연기를 연습하였다. 매란방도 14살 때 전문 극단의 배우들과 함께 여러 배역을 맡아 연기 수업을 받았다.

아마추어 활동

뒤에 다시 설명하겠지만 비전문적인 경극 배우를 '아마추어 배우[票友]'라고 한다. 만일 아마추어 배우가 전문적인 극단에 참가하여 연기를 생업의 수단으로 삼게 되는 경우 '배우 살이로 뛰어든다[下海]'고 하였으며, 이런 아마추어 배우들이 모여 연습하던 곳을 '표방(票房)'이라고 하였다. 아마추어 배우들은 대부분 생활 기반이 안정되어 비교적 좋은 지도자를 초빙하여 훈련할 수 있었고, 경극에 대한 사랑도 남달라서 공연의 모든 상황을 장악하고 연기자의 장단점을 식별할 수 있었다. 그러나 어릴 때부터 교육받지 못했기 때문에 상대적으로 연기 동작이 서툴렀다.

옛날부터 경극 배우들은 좋은 배우가 되기 위해서 갖추어야 할 여섯 가지 조건을 다음과 같이 지적하였다. 즉, 첫째는 좋은 목소리, 둘째는 뛰어난 노래 실력, 셋째는 훌륭한 신체 조건, 넷째는 유연한 몸짓, 다섯째는 빼어난 용모, 여섯째는 다양한 표정 등이었다. 이러한 조건 중에는 선천적인 것도 있고 후천적인 것도 있는데, 결과적으로 좋은 배우가 되기 위해서는 어느 정도의 천부적인 재질과 함께 후천적인 노력이 요구되었다. 경극 예술가들은 대대로 전해지는 교육을 통해 체계적인 교수법을 고안해내었는데, 그것이 바로 '4공 5법'이다. '4공(四功)'은 '노래[唱], 대사[念], 동작[做], 무술[打]'로서 경극의 4대 표현 형태를 일컫는다.

우선 '노래[唱]'는 경극 공연을 통틀어 가장 중요한 부분이다. 옛말에도 '말이 있으면 반드시 노래가 있고, 움직임이 있으면 반드시 춤이 있다'고 하여 노래의 중요성을 지적하였다. '노래'는 반드시 목청[嗓]을 사용하기 마련인데, 경극 공연에서는 '진짜 소리[眞聲]'와 '가짜 소리[假聲]'로 구분되었다. 이같은 목소리 활용법은 경극을 기타 연극과 구별해 주는 최대의 특징이라 하겠다. 노래는 스승의 입을 통해 학생에게 직접 전수되었다. 노래를 잘하기 위해서는 좋은 목소리가 필수적이었다. 그래서 학생들은 매일 아침마다 강가 또는 언덕에 올라 발성 연습[喊嗓]을 하였고, 반주악기의 연주를 들으며 정확한 음계를 익히는 연습[調嗓]도 하였다.

'대사[念]'는 경극에서 등장인물 간에 감정을 표현하고 이야기의 줄거리를 서술하는 데 주요 수단이 된다. 분량으로 따질 경우 '대사가 7할이요, 노래가 3할[七分白, 三分唱]'이라 할 정도로 대사는 매우 중요하다. 대사를 훈련할 때에는 정확한 발음과 깔끔한 발성이 관건이 된다. 학생들은 경극 레퍼토리 가운데 널리 애송되는 대목을 종이에 써서 벽에 붙이고, 억양과 발음이 완전해질 때까지 반복하여 연습하였다.

그 다음으로 '동작[做]'은 경극 공연중의 몸동작과 얼굴 표정을 아우르는 말이다. 중국 희곡은 전형적이고 정형화된 몸동작을 특징으로 한다. 중국 고전 희곡의 총아라 할 수 있는 경극 역시 예외는 아니어서 '정형화된 동작과 무용화된 도식'이라는 특징을 고스란히 간직하고 있다. 허구적이고 과장된 예술 표현 수법을 사용하여 현실 생활의 과정을 표현해내는 것이 바로 경극의 동작이다. 동작 연습을 위해서는 먼저 기본적인 걸음걸이나 손짓 등과 같은 기초 훈련을 거쳐야 한다. 그후 간단한 것에서부터 복잡한 것으로, 쉬운 것에서부터 어려운 것으로 차근차근 익혀 나간다. 어느 분야나 마찬가지겠지만 튼튼한 기본기를 갖추어야만 어떠한 배역이든지 소화해낼수 있는 것이다.

마지막으로 '무술[打]'은 극중에서 쌍방의 군대 및 장수가 맞서서 칼을 잡고 전투를 벌이는 장면을 말한다. 연극계에서는 이를 '붙어보자[開打]'라고 말한다. 즉, 전투 장면의 시작을 일컫는다. 창과 칼을 사용하기도 하고, 맨손과 발차기 등의 격투기 장면을 연출하기도 한다. 물론 관우의 청룡언월도나 손오공의 여의봉과 같이 특수한 무기도 등장한다. 무술은 다시 일대일의 대결 장면[打單對兒]과 3인 이상의 집단 대결 장면[蕩子]으로 나누어 살펴볼 수 있다. 무술 기교는 경극 배우들이 반드시 갖추어야 할 기본기로서 각고의 노력과 단련이 요구된다. 인원수에 상관없이 상대방과 호흡을 맞추어야 하는 부분이기 때문이다. 따라서 사전 연습 없이 무대에 오를 경우 실수하기 가장 좋은 부분이기도 하다.

이와 같은 4공(四功)과 함께 경극 배우의 기본기를 5법(五法)으로 개괄하였으니, '손[手], 눈[眼], 몸[身], 법[法], 걸음[步]'이 그것이다. 그런데 이 중에서 '법'에 대한 풀이가 아직까지 분분하다. 현재까지는 나머지 네 개의 기술에 대한 사용 규칙 또는 방법이라는 설이 가장 타당하다.

손동작은 각 배역마다 다르다. 따라서 배우들은 자신이 원하는 배역에 맞게 열심히 손동작을 연마해야 한다. 눈빛은 무대 공연에서 매우 중요하다. 그래서 '몸의 연기는 얼굴에 집중되고, 얼굴의 연기는 눈에 집중된다'고 하였고, '눈은 마음의 창'이라고 하였다. 이 모두가 인물의 심정을 표현하는 눈빛의 중요성을 강조한 말이다. 옛날 경극 배우들은 눈동자 훈련을 위해 '향불 바라보기[看香頭]'를 하였다. 이것은 눈동자를 움직이는 훈련인데, 먼저 저녁 어둠 속에서 향불을 켜고 다른 사람에게 이것을 잡고 있도록 한다. 그리고 향불을 상하좌우로 불규칙하게 이동시켜, 학생으로 하여금 신속하게 향불의 정확한 위치를 파악하게 한다. 처음에는 눈물이 날 정도로 시리고 아프지만, 훈련하는 과정에서 차츰 이에 적응하게 된다. 매란방은 어릴 적에 약간 근시여서 무대에 올라 연기할 때에도 눈빛이 총총하지 못했다. 그래서 집에서 키우던 비둘기 몇 마리

매란방(梅蘭芳).

를 훈련 도구로 삼았다. 즉, 매일 비둘기를 하늘로 날려 보내고, 날아오르는 비둘기의 행적을 쫓아 눈동자를 움직였던 것이다. 이렇게 노력한 결과 어느새 눈의 근시를 없애고 눈동자의 총기를 회복할 수 있었다고 한다.

경극 배우들은 훌륭한 연기를 위해 허리, 다리, 목, 어깨 등의 관절을 엄격하게 가다듬고, 각종 동작과 무용 기술을 장악하도록 훈련받았다. 그래서 '소나무처럼 서고, 바늘처럼 앉고, 활처럼 눕고, 바람처럼 움직인다'는 말을 신체 단련의 모범으로 삼았다. 그러나 몸동작 역시 배역에 따라 차별이 요구되었다.

발걸음에 대해서는 '먼저 걸음을 보고, 다시 소리를 듣는다'는 말이 있다. 그만큼 걸음의 중요성을 강조한 말이다. 경극에서는 각 배역의 성별, 성격, 연령, 신분, 직업 등과 특수한 환경 및 감정에 따라 각자의 발걸음이 정해진다. 이런 훈련 과정 속에서 경파와 해파의 구분이 생겨났다.

경파(京派)는 경조파(京朝派) 또는 내강파(內江派)라고도 부르며, 북경을 기반으로 한 경극 배우와 극단을 일컫는다. 이들은 기본기의 단련을 매우 중시하고, 예술규칙을 엄격히 준수하며, 스스로 경극의 정통임을 자부하였다. 이에 반해 해파(海派)는 외강파(外江派)라고도 하며, 상해(上海)를 중심으로 하는 경극 배우와 극단을 일컬었다. 그 옛날 경극 종사자들 사이의 뿌리 깊은 사제관계와 지역 차이로 인하여 이처럼 대립되는 예술유파가 생겨난 것이다. 그래서 해파 예술인들은 북경에 진출하기가 매우 어려웠고, 경파 예술인들 역시 텃세를 부리며 해파의 진입을 방해하였다. 그러나 시대의 흐름과 함께 이런 대결의식도 많이 변하여, 지금은 경파와 해파 간의 심각한 대립은 없으며 모두 경극의 발전을 위해 힘을 모아 노력하고 있다.

한편, 예술적으로는 경파와 해파 모두 커다란 성취를 이루었고, 많은 인재를 배출하였다. 북방에서는 1920년대에 '4대 명단(四大名旦)'이라고 일컬어지던 매란방·정연추(程硯秋)·순혜생(荀慧生)·상소운(尙小雲) 등이 있었고, 1930년대에는 '4대 수생(四大須生)'이라고 일컬어지던 마련량(馬連良)·담부영(譚富英)·양보삼(楊寶森)·해소백(奚嘯伯) 등이 차례로 이름을 날렸다. 남방에서는 개규천(蓋叫天)이라는 예명으로 유명하였으며 '살아 있는 무송[活武松]'이란 칭송을 들었던 장영걸(張英杰), 기린동자[麒麟童]란 예명으로 유명했던 주신방(周信芳), '출수(出手)의 대왕'으로 손꼽히던 곽옥곤(郭玉昆) 등이 한 시대를 풍미하였다.

경극과 배우 그리고 배역

경극 배우들의 일생은 대체로 3단계를 거친다. 1단계는 앞서 살펴본 학습 기간으로서, 일반적으로 7-8세부터 15-16세까지의 기간을 말한다. 이 단계에서는 경극의 기본기를 익히고 공연 실습 위주로 생활하게 된다. 2단계는 실제 연기 단계이다. 배우에 따라 차이는 있으나 기본 교육을 마친 뒤부터 50-60세 정도까지의 기간을 말한다. 이 때가 배우들의 주요 활동 시기로서, 무대 공연 위주로 생활하게 된다. 3단계는 신체적으로 노쇠해져 무대 생활을 접고, 제자를 양성하거나 휴식을 취하는 단계이다.

과거에 경극 배우들은 갖가지 요인으로 인해 안정된 생활을 누리기 어려웠다. 극소수의 유명 배우만이 상류사회의 삶을 누릴 수 있었을 뿐, 대부분의 배우는 신분이 낮았고, 사회적으로 차별을 받았다. 아울러 국상(國喪) 기간에는 일체의 공연이 금지되었다. 중국의 봉건 시대에는 황족이 죽으면 '국상' 기간을 두어 각종 음악을 비롯한 일체의 오락 활동 및 혼인을 금지하였다. 황제가 죽으면 국상 기간이 삼 년이었고, 황후나 태후가 죽으면 일 년이었다. 그 기간 동안 의복과 도구는 검은색과 회색만이 허락되었다. 그나마 청대에 이르러 국상 기간이 100일로 줄어들었다. 그러나 한 해 동안 황족이 한 사람만 죽으란 법은 없었다. 한 예로 청 말에 광서제(光緒帝)와 자희(慈禧), 즉 서태후(西太后)가 연이어 죽자 연속하여 200일 동안 국상을 치러야 했다. 이럴 경우 경극 배우들의 생활고가 어떠했을지는 짐작하고도 남는다. 국상제도는 봉건 왕조가 무너지고 중화민국이 성립되고 나서야 사라졌다.

한편, 중국 희곡의 발전과 함께 배역의 종류도 다양화되었다. 그래서 원·명·청 세 시기를 거치면서 12개 이상으로 분화되기도 하였다. 그러나 경극의 성립 과정에서 배역의 역할이 재조정되면서 크게 네 개로 조정되었다. 생(生), 단(旦), 정(淨), 축(丑)이 바로 그것이다. 경극의 배역[行當]은 다음과 같이 비교적 복잡한 내용을 담고 있다.

첫째, 성별이나 연령 등 인물의 자연적 속성을 담고 있다.
둘째, 신분과 지위, 성격과 기질 등 인물의 사회적 속성을 담고 있다.

셋째, 제작자의 가치 기준에 따라 배역의 선악이 결정된다.

넷째, 각 배역에 따라 노래, 대사, 동작, 무술 등의 극적 행동에 차이를 보인다.

이처럼 복잡다단한 내용이 결합되어 인물에 대한 사회적 판단이 결정되고, 노래의 발성 기교와 신체 동작 및 화장과 복장상의 규칙이 정해지며, 이를 통해 경극만의 독특한 형식미와 조형미가 만들어진다. 아울러 인물 성격의 유형화라는 위험성을 넘어서서 각각 세부적인 역할과 성격을 파생시킴으로써 전형적인 인물 묘사로까지 나아간다.

'생(生)'은 주로 남자 배역을 일컫는 통칭이다. 어떤 작품에서는 발랄하고 귀여운 남자 아이와 충직하고 따스한 성품의 백발노인이 함께 등장한다. 이들 모두를 '생'이라 할 수 있다. 그렇다면 어떻게 나이 차이를 표현할 수 있을까? 이를 해결하기 위해 앞에 토를 달아 '와와생(娃娃生)'과 '노생(老生)'의 배역이 파생되어 나왔다. '노생'은 일반적으로 성인 남자 역할을 뜻한다. 얼굴에 '수염[髥口]'을 걸기 때문에 '수생(鬚生)'으로도 불린다. '생' 역에는 또 '소생(小生)'이 있다. '소생'은 일반적으로 '수염'을 걸지 않은 젊은 남자 배역을 일컫는다. '소생'은 '노생'과 함께 각자의 사회적 신분과 풍격에 따라 또다시 세부적으로 나뉜다. '소생'의 경우 청년 관리를 뜻하는 '사모생(紗帽生)', 손에 부채를 휘어잡고 한가하게 소일하는 '선생(扇生)', 뜻을 잃고 방황하는 지식인을 뜻하는 '궁생(窮生)', 용맹한 장군으로서 무대 위에 오를 때 모자 뒤로 두 개의 긴 깃털[翎子]을 달기 때문에 이름 붙여진 '치미생(雉尾生)' 등이 있다. 이밖에도 무예 연기를 보여주는 '무생(武生)', 관우와 조광윤 등의 특별한 배역만을 소화하는 '홍생(紅生)' 등이 있다.

'단(旦)'역은 경극에서 매우 중요한 부분을 차지한다. '단'은 다시 '청의(靑衣)' '정단(正旦)' '화단(花旦)' '도마단(刀馬旦)' '무단(武旦)' '노단(老旦)' '채단(彩旦)' 등으로 나뉜다. 그 가운데 도마단과 무단은 똑같이 무술에 치중하지만, 무단 쪽이 더욱 무술 동작이 뛰어나고, 도마단은 노래에도 신경을 쓴다. 무단의 대표적인 공연 특징은 '무술 동작[打出手]'이다. '무술 동작'은 한 배역이 다른 배역과 함께 손발을 이용하여 창이나 봉 등의 무기를 서로 주고받으면서 묘기를 부리는 것을 말한다. 무용에 가까운 동작과 함께 분위기를 고조시키는 타악기의 소리가 어우러져 관중을 매료시킨다. '도마단'은 기본적으로 말 탄 여장군을 연기하는데 노래와 무술 동작을 병행한다. '청의'는 단 역 중에서도 노래를 위주로 하는 배역이다. 일반적으로 정숙한 현모양처나 절개 있는 열녀 등을 연기하며 대부분의 대목을 노래로 소화한다. 물론 대사나 동작을 곁들이기도 한다. 노래를 중시하기 때문에 '청의' 역의 공연 기술은 대대로 더욱 아름답게 발전하였으며, 그중 많은 곡들이 지금까지도 관중의 사랑을 받고 있다. '노단'은 일반적으로 문예를 위주로 하기 때문에 노래가 중요시되며, 대부분 나이가 지긋한 여성을 연기한다. 창법이 '노생'과 비슷하기 때문에 옛날에는 남자 배우가 '노단'의 연기를 겸하기도 하였다. 노단이 무술 연기를 하는 경우도 있지만, 매우 드물다. '채단'은 익살스러운 연기를 위주로 한다. 실제 공연에서는 언제나 '축' 배역을 맡은 배우와 함께 연기하기 때문에 대부분 여자 배우에게 이 역할이 맡겨진다. 따라서 '단' 역에 속해 있긴 하지만 연기의 성격은 '축' 역과 대동소이하다.

'정(淨)' 역은 속칭 '화검(花臉)'이라 한다. 얼굴의 분장 유형을 뜻하는 경극의 '검보(臉譜)'는 바로 이 '정' 역을 바탕으로 각기 다른 성격 유형을 표현해낸 것이다. '정' 역을 연기하는 인물로는 문인도 있고 무장도 있다. 문인은 일반적으로 '청동홀[銅錘]'과 '검은 얼굴[黑頭]'을 대표로 하고, 무장은 '대련과 슬랩스틱[工架摔打]'을 대표로 한다(여러 가지 정형화된 신체 동작으로 다양한 상황을 표현한다는 측면에서 '슬랩스틱'이라함). 문인과 무장을 막론하고 '정' 역은 호탕하거나 거친 성격

청대의 검보.

의 인물을 연기한다. 장비나 포증(包拯, 즉 포청천) 등의 인물이 대표적이다. 따라서 무대 위에서는 동작이 크고 성격의 변화가 분명하며, 노래의 음색이 맑고 크며 깊다. 이 모든 것이 독특한 성격 특징을 반영한다. 문인 연기 시에는 노래를 위주로 하고 동작을 수반하며, 무술 동작은 동반하지 않는다. 이를 별도로 '정정(正淨)' 또는 '대화검(大花臉)'으로 구분하기도 한다. 포증의 얼굴은 온통 검은색으로 칠해져 공평무사(公平無私)하고 강인한 형상을 나타낸다. 아울러 서연소(徐延昭)라는 인물은 시종 손에 임금이 내린 청동홀을 잡고 있다. 그래서 '청동홀'과 '검은 얼굴'이 '정' 역을 대신하는 대명사가 되었다. 무장 연기 시에는 주로 무예를 위주로 하고 노래와 대사는 되도록 피한다. 이를 별도로 '부정(副淨)' 또는 '이화검(二花臉)'으로 구분하기도 한다. '무기 들고 대련[工架把子]'하는 역할과 '엎치락뒤치락 슬랩스틱[翻撲捽打]'하는 역할이 있다. 후자는 실제 전투를 벌이는 하급 장군 또는 패전하는 측의 무사를 연기한다. 따라서 이들의 공연 특징을 '대련과 슬랩스틱[工架打捽]'이라고 부른다. 문인 연기와 무장 연기의 중간 형태로서 '가자화검(架子花臉)'이 있다. 이 역은 대사와 동작 및 '대련[工架]'을 위주로 하고, 노래를 수반한다. 노래와 대사 중간에 종종 '합!' '히!' '빠빠빠!' 같은 파열음을 끼워 넣어 특정 인물의 위세와 강렬한 성격을 부각시킨다.

'축(丑)' 역은 '대화검'과 비교하여 '소화검(小花臉)'이라고도 불린다. 따라서 배역의 '얼굴 분장(검보)'이 비교적 간단하

축의 검보(좌측이 손오공. 우측은 노지심).

다. 기본적으로는 코와 뺨에 흰 물감으로 '두부모[豆腐塊]'나 '박쥐[蝙蝠]' 형태를 그리며, '대화검'과 '이화검'과 함께 '삼화검(三花臉)'으로도 불린다. '축' 역은 희극적 색채가 주조를 이루며, 유머와 기지가 넘치는 긍정적 인물과 추악하고 간사한 부정적 인물 모두를 표현할 수 있다. '축' 역은 일반적으로 노래와 무술 동작보다는 명쾌하고도 재빠른 대사를 위주로 한다. 인물의 신분과 성격 및 기술적 특성에 따라 크게 '문인 축[文丑]'과 '무인 축[武丑]'으로 나눌 수 있다. '무인 축'은 말재주 이외에 민첩한 동작과 '엎치락뒤치락하는 슬랩스틱[翻撲跌打]'의 무공을 자랑한다. 결론적으로, 배역의 형성과 발전은 각종 생활상을 무리 없이 표현해내고 인물 형상을 창조하는 과정에서 자연스럽게 이루어진 것이다.

　앞서 살펴보았듯이 중국 희곡의 특징은 정형성과 허구성

및 종합성이라고 할 수 있다. 이런 특징의 영향으로 경극의 특수한 표현 방식인 정형화된 동작이 생겨났다. 정형화된 동작은 공연의 각 분야에서 볼 수 있으며, 이루 헤아릴 수 없이 많은 규칙을 담고 있다. 이제 그 가운데 대표적인 동작을 간추려 소개해 보고자 한다.

기패(起覇) : 이는 경극 공연에서 흔히 볼 수 있는 동작이다. 그런데 왜 '기패'라 부르는가? 명대 심채(沈采)가 쓴 희곡작품 중에 「천금기 千金記」가 있었다. 항우와 유방의 초한전쟁을 다룬 작품으로서 그 가운데 한 막의 이름이 '기패'였다. 이 막에서 서초패왕인 항우는 용맹하고 위풍당당한 동작을 선보여 영웅의 면모를 과시하였다. 후배 예술가들이 이 내용에 살을 덧붙이고 정형화하여 하나의 틀을 만들어내었다. 이를 통해 장수가 출정하기 전에 갑옷과 투구를 차려 입고 전투에 대비하는 영웅적인 모습을 나타내었다. 원작의 의미를 살린다면 '패왕이 병사를 일으키다[覇起]'로 해야겠지만, '병사를 일으키는 패왕[起覇]'이라고 해도 틀린 것은 아니다.

주변(走邊) : 이것은 무예희에서 흔히 볼 수 있는 동작이다. 야간에 발소리를 죽이고 오솔길이나 담 옆에 바짝 붙어 몰래 걸어가는 동작을 말한다. 일반적으로 허리띠를 졸라매고 가벼운 옷차림을 한다. 배우들이 이 동작을 할 때는 가볍고 민첩한 몸놀림이 요구된다. 아울러 동작 사이사이에 '재주넘기[筋鬪]'

를 함으로써 관중에게 용맹한 모습을 보여주어야 한다.

당마(趟馬) : '당마'는 '마당자'라고도 부른다. '당마'란 말을 타고 빠르게 달린다는 뜻이다. 이 동작은 다시 '무대 돌기[圓場]' '몸 비틀며 재주넘기[轉身]' '채찍 휘두르기[揮抖鞭]' '얼굴 보이기[高低亮相]' 등 상대적으로 고정된 틀을 갖추고 있다.

패왕찬(覇王贊) : 이것은 속칭 '배 주무르기[揉肚子]'라고 한다. 이 말은 동작의 성질을 우아하게 잘 표현한 것이다. 이 동작의 전 과정은 격정적인 번민과 사색의 연속이라고 할 수 있다. 리듬감 있는 타악기의 반주 속에서, 배우는 마치 판토마임을 하듯이 인물 '내면의 독백'을 표현한다. 이어서 '그가 어째서 이런 일을 저질렀을까?' '나는 이제 어떻게 하지?' '좋아, 이렇게 하자!' '아니야, 난 이렇게 해야 돼!' '아니야, 그것도 안 되겠어! 이제 난 어쩌면 좋지?' '그래, 이렇게 하는 거야!' 등의 의사를 표현한다. 모든 동작이 문답식으로 이어지고 최종적인 결론에 다다른다. 이어 대사 또는 노래가 뒤따른다. 물론 인물에 따라 세부적인 표현 동작은 달라진다. 왜 이런 동작에 '패왕찬'이란 이름을 붙였을까? 이 또한 「천금기」에서 유래하였다. 패왕 항우가 오강가에서 포위되어 자결하기 전에 격정적인 번민과 고통 속에 사로잡히는데, 이것을 무용 동작으로 표현하는 것이다. 이처럼 중국인들은 패왕 항우를 비극적인 영웅으로 떠받들어 찬사를 늘어놓기 때문에 '패왕찬'이란 이름이 생겨난 듯하다.

타출수(打出手) : 앞서 언급하였듯이 이것은 전장에서 쌍방
이 서로 무기를 잡고 싸우는 동작을 정형화한 것이다. 과거에
는 신선이나 요괴에만 국한되었던 동작이 이후 인간에게까지
확대되었다. 이 동작은 일반적으로 다섯 명이 함께 공연한다.
중간에 한 명, 양쪽으로 각각 두 명이 서는데, 마치 매화가 핀
듯하다고 '오매화(五梅花)'라고도 부른다. 물론 인원이 더욱
많을 경우도 있다. 사용하는 무기도 다양하여 창과 장검, 채찍,
단도 등이 있다.

이렇게 해서 각가지 기본 동작을 살펴보았다. 각각의 기본
동작은 다시 등장인물의 성별과 숫자, 등장과 퇴장의 방법, 공
연 방법 등에 따라 세분화된 명칭을 갖는다.

경극의 터전, 무대

　무대는 배우가 기량을 펼치고 관중이 공연을 감상하는 중요한 장소이다. 중국의 무대는 오랜 역사를 가지고 있다. 1975년에 동한 시대의 채색 토기가 발굴되었는데, 이것은 당시의 극장[戲樓]을 표현한 것이었다. 이로써 동한 시대에 이미 고정된 무대가 존재하였음이 입증되었다. 그러나 좀더 보편화된 무대는 송대에 출현하였다.

　북송 초에 '노천 무대'가 등장하였는데, 나무나 돌을 이용하여 기반을 다진 공연 장소였다. 사방으로 트여 있고, 지붕도 없었기 때문에 관중은 사방에 둘러앉았거나 서서 공연을 관람하였다. 후에 노천 무대를 기초로 하여 '공연용 정자[舞亭]'가 생겨났고, 이제는 지붕이 생겨나 비를 피할 수 있었다. 금대에

경극의 실내 무대.

들어서면 여러 장치가 보완되어, 오늘날 우리가 볼 수 있는 무대의 외형을 갖추기 시작하였다. 금대 중엽에 이르러 장방형 무대의 2/3 지점 양쪽에 기둥이 생기고, 기둥 사이에 휘장을 치면서, '앞 무대[前臺]'와 '대기실[後臺]'이 구분되기 시작했다. 명·청 시대 들어 무대 배치가 더욱 개선되었다.

경극은 시대와 지역에 따라 다양한 형태의 공연장에서 공연되었다. 경극 공연을 위한 옛날 무대는 정사각형의 모습이었고, 앞뒤 양쪽에 모두 네 개의 기둥이 있었다. 무대 앞쪽의 기둥에는 일반적으로 유명한 서예가가 쓴 대련(對聯)이 걸려 있었으며, 무대 뒤쪽의 기둥 사이에는 나무로 된 벽이 있고, 그 좌우에 각각 문이 있어 배우들의 등장과 퇴장에 사용되었다. 배우들은 모두 오른쪽 문으로 등장하여 왼쪽 문으로 퇴장하였다. 그래서 오른쪽 문을 '등장문[上場門]', 왼쪽 문을 '퇴장문[下場門]'이라고 불렸다. 등장문과 퇴장문 위에는 휘장이 드리워져 있었다. 옛날에는 배우들이 등장문을 '백호(白虎)문', 퇴장문을 '청룡(靑龍)문'이라고 불렀다. 그래서 등장문의 휘장에는 호랑이가 그려져 있었고, 퇴장문의 휘장에는 구름 또는 용이 그려져 있었다. 무대 뒤쪽의 기둥 사이에 있는 나무 벽 위로도 커다란 휘장이 드리워져 있었다. 당시에는 이것을 '수구(守舊)'라고 불렀다. 붉은색이 대부분이었는데, 이는 극중인물의 복장 색깔과 가장 잘 조화를 이루었기 때문이다.

무대 공연의 관례에 따르면 정방형 무대의 왼쪽으로 퇴장문에 가까운 구역을 '큰 쪽[大邊]'이라 하고, 무대의 오른쪽으로 등장문에 가까운 구역을 '작은 쪽[小邊]'이라 하였다. 중국인들의 전통 관념으로 보면 왼쪽 손이 크고 오른쪽 손이 작았기 때문에 '큰 쪽' '작은 쪽'이란 말이 생겨난 듯하다. 예나 지금이나 경극 무대 위의 소도구들은 비교적 간단하다. 기본적으로는 책상 하나와 의자 두 개 정도로 충분하다. 아울러 책상을 기준으로 무대 안쪽 구역을 '안마당[內場]'이라 하고, 무대 바깥쪽 구역을 '바깥마당[外場]'이라고 한다. 그래서 무대 안쪽에 놓인 의자를 '안마당 의자[內場椅]'라 부르고, 무대 바깥쪽에 놓인 의자를 '바깥마당 의자[外場椅]'라고 부른다. 이후 배우들이 공연할 때면 큰 쪽, 작은 쪽, 안마당, 바깥마당 등의 말로써 공연 위치를 파악할 수 있었다.

무대와 달리 무대의 뒷공간은 통틀어 '대기실[後臺]'로 부를 수 있다. 북경에서 가장 오래된 극장인 광화루(廣和樓)의 대기실을 예로 들어 경극 무대의 대기실 풍경을 가늠해 보기로 하자. 광화루의 대기실은 하나의 넓은 방 형태를 띠고 있다. 방의 남쪽 중앙에는 연극의 수호신을 모신 제단이 설치되어 있다. 제단은 나무로 조각된 궁전 모양으로서, 높이는 1m이고 넓이는 60cm 가량이다. 제단 안에는 원형으로 된 좌대가 있고, 그 위에 당 명황(明皇), 즉 당 현종(玄宗)의 조상이 모셔져 있다. 머리에는 면류관이 씌워져 있고, 몸에는 황룡포를 둘렀으며, 발에는 굽이 높은 검은색 장화를 신고 있다. 제단 위에는 길게 늘어진 등불과 청동 향로 등이 놓여 있어서, 매일 아침저녁으로 향을 피운다. 배우는 대기실에 들어서면 제일 먼저 수호신에게 예배한 뒤에라야 다른 일을 할 수 있었다. 그런데 관우극[關公戲]을 공연할 경우에는 관우 역을 맡은 배우만 별도의 예배를 올렸다. 향을 피우는 것은 물론 청룡도를 제단 앞에 놓고 칼날 위에 노란색 종이돈을 끼워 불사름으로써 관우에 대한 존경을 표시하였다.

제단의 오른쪽에는 '제1옷상자[大衣箱]'가 자리잡고, 왼쪽에는 '제2옷상자[二衣箱]', 북쪽에는 '모자상자[盔頭箱]' '제3옷상자[三衣箱]' '신발상자[靴包箱]' '무기상자[把匣]' 등이 놓인다. 여기에는 나름의 법칙이 있는데, 배우들은 자신의 배역에 맞는 고정 좌석이 있어서 함부로 자리를 바꿀 수 없다.

단(旦) 역의 배우는 '제1옷상자' 위에 앉는다. 극중에서 단 역의 배우가 입는 문인복[文服]을 통틀어 '제1옷'이라고 부른다. 제1옷과 관련된 여러 보조 의복도 제1옷상자 안에 보관한다.

생(生) 역의 배우는 '제2옷상자' 위에 앉는다. 극중에서 생 역의 배우가 입는 무인복[武服]을 통틀어 '제2옷'이라고 부른다. 아울러 무인복과 관련된 각종 보조 의복과 승려 복장 등도 제2옷상자 안에 보관한다. 명대 이후로 생과 말(末)의 역할이 분화되었지만, 생 역이 단연 무술극[武戲]을 주도하였기 때문에 이러한 관례가 생겨난 듯하다.

정(淨) 역의 배우는 '모자상자' 위에 앉는다. 극중에서 배우들이 사용하는 모든 모자와 두건, 가발, 수염 등을 보관한다. 원통형 상자에는 모자들을 수납하고, 대나무 상자에는 깃털 장식을 수납한다.

말(末) 역의 배우는 '신발상자' 위에 앉는다. 말(末)은 원래 원 잡극부터 있던 배역이었으나 명대에 생(生)과 말로 분화된 뒤부터 노인 등의 배역을 일컫게 되었다. 그 중에서도 흰 수염을 달고 있는 배역은 '외(外)'라고 불렀다. '신발상자'는 '제3옷상자'라고도 부른다. 배우들이 입는 내복과 신발 및 바지 등 세 가지 의복을 수납한다는 뜻에서 '제3옷상자'라고 하였다. 노인 역의 배우들이 입는 검정 두루마기도 함께 수납하기 때문에 말 역의 배우가 앉게 되었다.

무(武) 역의 배우와 단역 배우들은 '무기상자[把匣]' 위에 앉는다. 극중에서 사용하는 무기와 도구를 통틀어 '자루[把子]'라고 부른다. 칼, 창, 검, 도끼, 쇠망치, 갈고리, 삼지창, 곤봉, 채찍, 송곳, 표창 등 각종 무기에 자루가 달려 있기 때문에 그런 이름이 붙었다. 아울러 무 역의 배우가 주로 무기를 사용하기 때문에 그렇게 자리가 결정되었다.

축(丑) 역의 배우는 아무 곳이나 앉을 수 있다. 축 역이 이렇게 특권을 누리게 된 이유는 연극을 좋아하던 당 명황이 축 역을 맡았었기 때문이라고 한다. 황제가 연기하던 역할에 제한을 둘 수는 없었을 것이다. 이는 어떤 역할도 다 할 수 있는 축 역의 성격과도 관련이 있다.

그 밖에 관리직원들은 소도구상자[旗包箱] 위에 앉는다. 공연에 사용되는 모든 소도구를 일컬어 '기파(旗把)'라고 한다. 자루가 달린 무기와 도구를 제외한 깃발 등을 수납한다는 면에서 무기상자와 구별된다. 소도구상자는 문설주 안의 좌우측에 고정적으로 배치된다. 진행요원[催場人]은 소도구상자 위에 앉아 배우의 등장 시간을 재촉하고 감독하는 역할을 맡는다. 아울러 무대 위의 돌발 상황에 대처하는 임무도 수행한다. 대기실 총감독(종종 극단 책임자)은 별도의 책상에 앉는다. 대기실의 등장문 옆에는 붉은색 덮개가 깔린 긴 책상이 놓이고, 그 위에는 '수패(水牌)'가 놓인다. '수패'는 나무로 되어 있으며, 그 위에는 모든 단원이 볼 수 있도록 극단의 규칙[戲規]이 놓여 있었다. 수패에는 양감된 글자가 새겨져 있었는데, 대부분 그날 공연될 연극의 제목이 쓰여 있었다. 수패에는 배우의 이름이 적혀 있지 않았다. 그래서 배우들은 대기실에 와서 자신이 등장해야 할 부분을 확인하고 숙지해야 했다. 책상 양쪽으로는 모두 네 개의 의자가 놓이는데, 극단의 책임자와 대기실 관리자의 자리로 쓰였다. 등장문 옆에 앉아 있으면 배우들의 의상과 무대 상황을 점검하기가 편리했기 때문이다. 총감독은 언제나 이 책상에 앉아 극단 안팎의 모든 업무를 처리하였다. 공연 장부는 담당자가 극단에서 공연하는 작품 제목을 매일 기록하여 이후의 참고 자료로 삼는 것이다.

이렇게 책상 위에 놓인 수패와 공연 장부는 아무나 함부로 건드릴 수 없었다. 만일 허락 없이 만진 사람이 있으면 대기실 관리규정을 위반한 것으로 간주되어 처벌을 받아야 했다. 또, 총감독은 '아홀(牙笏)'을 이용하여 단원들을 소집하고 결정사항을 통지하였다. 아홀은 장방형의 나무막대로서, 총감독은 담당자를 시켜 아홀 위에 지시사항을 적게 한 후 책상 위에 놓게 한다. 그러면 단원들이 '아홀이 나왔다!'고 외치며 앞 다투어 지시사항을 열람하였다.

무대감독[檢場人]은 경극 공연중에 의자와 책상 등의 도구를 운반하거나 설치하는 일, 불을 이용하여 특수 효과를 내는 일, 깔개를 던지는 일, 배우의 무대 의상 착용을 돕는 일 등을 책임진다. 따라서 무대감독은 경극의 업무에 대해 해박한 지식을 갖추어야 하고, 무대의 공연 상황에 익숙한 사람이어야 했다. '불[彩火]을 취급'하는 임무를 예로 들어 보자. 공연중에 조명이 필요할 경우에는 대부분 불을 이용하였다. 또한 귀신이나 요괴가 출현하는 장면의 경우에는 송진으로 연기를 피워 특수 효과를 연출하기도 하였다. 아울러 요괴가 불을 뿜는 장면의 경우에는 연기자가 송진가루를 입에 물고 있다가 밖으로 뿜는 순간에 맞춰 암암리에 불을 대주기도 하였다. 또 다른 임

무인 '깔개 던지기'의 내용은 다음과 같다. 공연을 하다 보면 배우가 무릎을 꿇거나, 자리에 앉거나, 엎드리는 경우가 생긴다. 그러면 의상이 더러워지거나 파손될 위험성이 높다. 무대감독은 이를 예방하기 위해 무대의 측면에서 대기하다가 그런 장면에서 깔개를 던져준다. 이때 시간을 정확히 맞추는 것이 중요하다. 너무 늦어서도 안 되지만, 너무 일찍 던지면 배우의 집중력을 떨어뜨리기 때문이다. 그 장면이 지나간 뒤에 깔개를 무대 위에 방치해서도 안 된다. 관중의 주의력을 분산시키고 이야기의 줄거리를 방해하기 때문이다. 따라서 배우는 깔개를 무대 측면의 무대감독에게 기술적으로 밀어 치우도록 한다. 이밖에 배우가 목이 마를 때 찻물을 준비하여 관중의 주의가 소홀한 틈을 이용해 배우에게 건네는 임무도 맡는다.

배우들은 공연이 시작되기 전에 '구룡구(九龍口)'에 앉을 수 없었다. '구룡구'란 고수(鼓手)가 앉는 자리를 가리켰다. 이는 (고수는 모든 공연의 총지휘자였기 때문에) 함부로 북을 건드리면 공연에 혼란을 초래할까 우려한 금기였다. 아울러 옷상자들 사이의 공간인 '용구(龍口)'에도 앉을 수 없었다. 이는 용구가 사람의 목을 닮았다는 믿음에서 비롯되었다. 즉, 목을 막고 있으면 배우들의 목이 상할 수도 있다는 생각에서 나온 금기였다. 또한 '우산[傘, san]'이나 '꿈[夢, meng]'자가 들어가는 말을 삼갔다. 우산은 '깨지다, 흩어지다[散]'란 의미와 통했기 때문이다. 꿈은 배우들이 떠받들던 수호신인 희신(喜信)의 이름이 몽경(夢更)이었기 때문에 피휘(避諱)를 했다는 설과 공연하는 사람이나 관람하는 사람이나 모두 꿈꾸는 듯한 상황에서 군이 '꿈'이란 말을 거론할 필요가 없어서라는 설이 있다.

이처럼 각 배우의 자리가 고정된 이유는 무엇일까? 이에 대해서는 극단 형성 초기의 야외 공연에서 비롯되었다는 설이 설득력을 가진다. 극단이 시골 마을에 가서 공연할 때면 열악한 공연 시설을 감내해야 했다. 임시 가설 무대가 다반사인 상황에서 대기실 역시 충분한 공간을 확보하기 어려웠고, 그래서 각종 상자를 벽 주위에 놓고 그 위에 앉게 된 것이다. 이밖에도 유랑극단이 많던 시절에는 여행하던 배우가 다른 극단을 만날 경우, 그 극단에 찾아가 식사와 잠자리를 제공받을 수 있었다. 그는 대기실로 찾아가 수호신과 극단주에게 예의를 표한 뒤에 자신의 역할에 해당하는 상자 위에 가서 앉는다. 그러면 총감독이 그의 배역을 눈치 채고, 그에게 알맞은 배역을 주어 공연에 참가시키기도 하였다.

초기에는 극장을 '다원(茶園)'이라 불렀다. 당시의 극장은 주로 차와 간식을 팔고 간간이 연극을 하던 곳으로서, 말 그대로 차를 마시는 곳이었다. 손님은 찻값만 내고 자리에 앉아 한편으로는 차를 마시고 이야기하면서, 다른 한편으로는 연극을 감상할 수 있었다.

영리성을 띤 북경 최초의 다원은 사가다루(查家茶樓)로서, 후에 광화루(廣和樓)로 이름을 바꾸었다. 광화루는 원래 명말의 소금 거상이던 사(查)씨의 개인 화원이었다. 당시 사람들이 이곳을 '사원(查園, Cha Yuan)'이라고 불렀기 때문에 후에 '광화다원(茶園, Cha Yuan)'으로 이름을 바꾸었다. 그러다 신해혁명 이후로 중국 전역에 신식 극장이 생겨나자 다원은 점차 자취를 감추었다. 중국에 처음으로 선보인 현대식 극장은 현재까지 1908년에 상해에 세워진 '신무대(新舞臺)'로 알려지고 있다.

다원과 극장 같은 고정된 공연장 이외에 개인 저택과 여관 및 회관 등에서도 경극을 공연하였다. 과거에는 일부 권문세가나 부호들이 집안에 개인 공연장을 만들어 극단을 초빙하여 공연을 감상하였다. 또, 중국인들은 경조사가 있을 경우 여관이나 식당에서 친지들을 초대하여 행사를 치르는 습관이 있었기 때문에 여관이나 식당 또한 중요한 공연장이었다. 아울러 과거 북경 성내에는 각 성 혹은 각 직업별로 회관을 지어 동향인이나 동업자들에게 편의를 제공하였다. 이런 회관 역시 경극의 주요 공연 장소였다. 예를 들어 새해 첫날, 동향인들이 모여 단배식(團拜式)을 하고 경극을 관람하거나, 같은 해에 과거에 급제한 사람들을 축하해 주는 자리를 마련하여 경극을 관람하는 경우가 종종 있었다.

또한 각종 사당에서의 제례 활동 중에도 경극의 공연이 포함되었다. 중국은 예로부터 각종 민간 신앙이 발달하였다. 따라서 전국 각지에 각종 사당이 자리잡고 있었으며, 제례의 과정에서 춤과 노래가 빠질 수 없었다. 일부 사당의 내부에는 제례를 위한 무대가 만들어졌는데, 이를 '묘대(廟臺)'라고 불렀다. 묘대에서는 주로 접신(接神)과 제례에 관련된 경극이 공연

묘대.

되었다. 이밖에도 극장이나 묘대가 없는 시골에서 유랑극단의
공연을 위해 대나무나 갈대 등을 이용하여 임시로 엮어 만든
'초대(草臺)' 또는 '야대(野臺)'가 있었다.

무대 배경과 도구 역시 건축미를 나타낸다고 말할 수 있다.
중국 전통 희곡의 특징인 허구성은 무대배경과 도구에도 영향
을 끼쳐 허구적인 상징성을 중시한다. 이는 사실성을 추구하
는 일반 연극 및 영화와 큰 차이를 나타낸다. 전통적인 경극
무대에서 흔히 볼 수 있는 도구는 '탁사 하나와 의자 둘[一桌
二椅]'이다. 이것이 바로 상징성을 보여주는 최고의 실례이다.
경극의 연출에서는 탁자와 의자를 어떻게 배치하느냐에 따라
각기 다른 장소와 환경의 변화를 표현해낼 수 있다. 예를 들어
의자가 탁자 뒤에 놓여 있으면 그곳이 관청이나 서재임을 표
시한다. 이때 탁자는 공무 집행 장소를 대표한다. 만일 의자가

탁자 앞에 놓여 있으면 그곳이 대청이나 마당 혹은 객실임을 표시한다. 이밖에도 배치 상황에 따라 언덕, 성루, 선박, 침상 등을 표시할 수 있다.

아울러 도구 역시 각종 상징으로 사용된다. 일정 간격으로 술을 매단 1m 가량의 작대기는 말을 모는 가죽 채찍을 뜻한다. 따라서 등장인물이 이 작대기를 들고 있으면 말을 타고 이동함을 의미하고, 노를 들고 있으면 배를 타고 이동함을 의미한다. 한편, 각종 그림이 그려진 깃발을 사용하여 해당 동작을 설명하기도 한다. 등장인물이 수레바퀴를 그린 깃발 사이에 있으면 수레를 타고 이동함을 뜻하고, 구름이나 파도 모양의 깃발이 올라오면 바람을 맞거나 수중(水中)에 있음을 뜻한다. 그런데 신해혁명 이후 전통극[舊劇]이 현대극[新劇]으로 빠르게 전환하면서, 이제는 사실적이면서 막대한 규모를 자랑하는 무대장치를 선호하게 되었다. 이는 중국 무대장치의 전통을 뒤엎는 일대 변혁이었다.

관중석은 일반적으로 1층과 2층으로 구분된다. 1층에서 무대와 관중석 사이의 공간을 '연못[池子]'이라고 하고, 그 양쪽을 '양랑(兩廊)'이라고 한다. 연못에는 무대를 향해 긴 탁자가 차례대로 놓이고 탁자 양쪽으로 의자가 놓이게 된다. 공연이 진행될 때에는 관중이 무대를 향해 몸을 돌려 앉거나 고개를 돌려 시선을 집중한다. 탁자를 놓은 것은 관중이 차를 마시고 간식을 먹을 수 있도록 배려하기 위함이다. 무대의 좌우 양쪽은 '작은 연못[小池子]'이라고 부른다. 무대와 제일 가깝고, 정확하게 보고 자세하게 들을 수 있기 때문에 종종 전문가들의 독점 좌석이 되곤 하였다. 그리고 극장 안의 벽 앞으로도 계단 식으로 좌석을 배치하였다. 2층에서 무대를 정면으로 바라보는 구역을 '산좌(散座)'라고 하였고, 산좌 양쪽의 구역을 '관좌(官座)'라고 불렀다. 한 관좌 안에는 대략 12명의 관중을 수용할 수 있었다. 어떤 경우에는 관중석이 무대의 뒤편에 있을 수도 있었다. 이런 곳을 '도관좌(倒官座)'라고 불렀는데, 배우의 등밖에 보이지 않기 때문에 입장료가 상대적으로 저렴하였다. 그러나 입장료가 낮았음에도 불구하고 관중은 이곳에 앉기를 꺼려하였다.

신해혁명을 전후하여 경극 개량 운동이 일어났다. 그 결과 극장의 구조도 서양식으로 바뀌면서 관중을 수용할 수 있는 능력이 확대되었다. 그래서 800-1,000명 정도를 수용하던 기존의 극장이 2,000-3,000명을 수용할 수 있는 현대식 극장으로 변하였다. 이러한 변화는 상해에서 시작하여 곧 북경에도 영향을 미쳤다.

경극 공연의 이모저모

매년 정월 초, 모든 경극 극단은 극장 공연에 앞서 특별한 의식을 거행하였다. 이러한 의식을 연극계 내부에서는 '상자를 열다[開箱]' 혹은 '무대를 열다[開臺]'라고 하였다.

정월 첫날의 공연은 평소보다 일찍 시작하였다. 일반적으로 오전 9시 전후에 시작하여 오후 3시 즈음에 끝맺었다. 이날 공연에는 반드시 극단 내의 모든 단원이 무대에 출연해야 했다. 관중에게 한 해 동안 어떤 배우가 선보이게 될지를 알려주는 광고의 성격을 띠고 있었기 때문이다. 공연에 앞서 재물신을 부르고, 만사형통을 기원하는 문장을 적어 극장 기둥에 건 다음, '공연을 시작합니다!'라고 외친다. 이로써 일 년간의 공연이 시작되는 것이다.

정월 첫날에 공연하는 레퍼토리는 모두 길상(吉祥)의 내용을 선택한다. 죽음과 부상에 관한 부분은 절대 포함시키지 않는다. 아울러 이날은 관례적으로 배우들에게 수고료를 지급하지 않는 대신, 모든 단원들에게 일률적으로 약간의 세뱃돈을 준다. 또, 이날 첫 번째 손님에게는 입장료를 받지 않는 것이 관례이다. 아울러 각 극단은 매년 연말에 짧은 휴가를 갖는다. 이를 '상자를 닫는다[封箱]'고 말한다. 휴가는 일반적으로 음력 12월 8일 이후부터 12월 31일까지이다.

배우의 보수는 '계약제[包銀制]'에서 '지분제[戲份制]'로의 변화 과정을 거쳤다. 극단주가 극단을 만들고 배우를 모집할 때에는 반드시 배우와 소속 기간에 대해 사전 협의를 거쳐야 한다. 소속 기간이 정해지고 계약이 성립되면 극단주는 배우에게 그 기간에 해당하는 임금을 지불해야 했다. 이를 일컬어 '포은(包銀)'이라고 하였다. 이와는 별도로 배우는 매일 얼마간의 교통비를 받았다. 교통비는 일반적으로 포은의 1% 정도였다. 배우는 계약 기간 동안 다른 극단과 이중으로 계약할 수 없었다. 만일 이를 어기면 원래 소속 극단은 연극계의 내규에 따라 다른 극단에 해당 배우의 행위를 고발하여 이후 어떤 극단에도 들어가지 못하도록 하였다. '지분'은 배우가 규정된 비율에 따라 매일 공연 수입의 일부를 보수로 지급받는 형태를 말한다. 이렇게 지분을 받는 배우는 해당 극단의 공연에 영향을 주지 않는 조건으로 다른 극단의 공연에 참가할 수 있었다.

배우의 보수는 지명도에 따라 큰 차이를 보였다. 기록에 의

하면, 중화민국 초(1920년대)에 어느 공연에서 매란방의 수입이 80원이었던 반면에 말단 배우는 0.6원을 받았다고 한다. 민국 초 일류 배우의 지분은 매일 200~300원에서 수십 원이었던 반면에, 이류 배우는 20~30원에서 십여 원, 삼류 배우 및 말단 배우는 0.2원 정도였다고 한다. 참고로 1920년대의 물가 상황을 보면 쌀 한 근이 0.14원, 고기 한 근이 0.18원, 면화 한 근이 0.42원, 소금 한 근이 0.05원, 설탕 한 근이 0.2원, 천 한 자가 0.14원 등이었다.

배우의 보수는 또한 각종 상황의 변화에 영향을 받았다. 주연급 배우의 호소력이 떨어지면 공연 횟수도 적어지고 객석 점유율도 떨어졌다. 이 경우, 원래부터 수입 자체가 보잘 것 없던 말단 배우들은 생활을 유지하기가 더욱 힘들었다. 노쇠하고 병약하여 무대에 오를 수 없었던 일부 배우들의 처지 또한 비슷하였다. 그래서 연극계에서는 매년 연말연시에 성금을 거두어 이들을 구제하고자 노력하였다.

극단과 극장의 관계는 시기와 지역별로 차이를 나타내었다. 경극 발달 초기에 북경의 극단은 여러 극장을 순회하면서 공연하였다. 그러나 청말 민국 초에 이르면 극단과 극장 측의 협의 아래 점차 한 극장에서 정기적으로 공연하는 형태로 변화되었다. 북경의 극단과 극장은 모두 독립된 체제를 유지하였다. 배우는 극단에 소속될 뿐 극장과는 직접적인 관계가 없었다. 공연 수익은 규정에 따라 쌍방이 나누어 가졌다. 그날의 수입을 매일 결산하였는데, 대부분 극단 측이 70~80%를 갖고 극장 측이 20-30%를 가졌다. 그러다가 1920년대부터는 임대료 형태로 변하였다. 그러나 상해는 북경과 완전히 달랐다. 즉, 상해의 극단은 극장과 동일체였다. 극단과 배우는 극장에 고용되어 완전히 예속되었다. 배우는 매달 극장으로부터 월급을 받아 생활하였다. 상해 극장의 배우는 '고정 배우[班底]'와 '초빙 배우[角兒]'로 구분되었다. 말 그대로 고정 배우는 장기 계약에 의해 극장에 소속된 배우이고, 초빙 배우는 임시로 초청된 배우로서 대부분 예술적으로 뛰어난 유명 배우였다. 초빙 배우는 3~6개월 정도의 짧은 기간 동안 많은 급여를 받으면서 해당 극장을 위해 공연하였다. 극장은 고정 배우를 바탕으로 유명 배우를 번갈아 초빙함으로써 나름의 경쟁력을 확보할 수 있었다.

경극 공연은 고정된 순서대로 진행되었기 때문에 일정한 규칙이 있었다. 현재에는 이런 규칙이 많이 퇴색되었지만, 공연의 원형을 가늠해 보기 위해 그 대강을 살펴보기로 하자. 우선, 공연에 앞서 배우들의 배역을 지정[派戱]한다. 배역 지정은 각 배우들의 전문 분야와 특기 및 예술 수준 등을 고려하여 이루어진다. 무대에서의 시청각 효과를 고려하여 배우의 신장 및 목소리의 크기 등을 고려하기도 하였다. 아울러 공연의 순서도 결정짓는다. 이 모든 일은 대기실 관리자의 책임이었다. 대기실 관리자는 공연의 전후 맥락에 대해 훤히 꿰뚫고 있어야 했다. 그렇지 않으면 배우의 수염이 검은색에서 흰색으로 바뀌는 등 실수하기 십상이었다. 과거에는 대기실 관리자가 배역을 지정하는 특권을 이용하여 배우들을 괴롭히는 경우도 종종 있었다. 개인적으로 감정이 있는 배우에게는 완전히 생소한 배역을 맡김으로써 연기를 망치게 조작했던 것이다. 과거에는 배우들이 공연 당일 아침에야 자신들의 역할을 알 수 있었다. 하루라도 먼저 알아서 준비를 하려는 배우들은 전날 저녁에 대기실 관리자를 찾아가 약간의 '사례'를 건네야만 자신의 역할을 미리 확인할 수 있었다.

다음으로 공연 시작 전에는 '무대 배치[擺臺]'와 '시작 통보[吹通]' 의식을 갖는다. 무대 배치 원칙에 따라 책상과 의자, 휘장, 지필묵, 깃발 등을 제자리에 놓는다. 배치가 끝나면 악기를 이용하여 시작 통보를 한다. '시작 통보'는 정식 공연의 시작에 앞서 연주하는 전주곡의 일종으로서, 관중의 주의를 집중시키기 위한 목적을 가진다. 통보는 일반적으로 세 차례에 걸쳐 실시한다. 시작 통보는 다른 말로 '취대(吹臺)' 혹은 '개통(開通)'이라고도 한다. 그러나 '취대'란 단어는 '무대를 망치다'라는 불길한 뜻을 담고 있기 때문에 되도록 사용하지 않는다. '시작 통보'는 그 옛날, 극단이 시골 공연에 앞서 꽹과리와 나팔을 앞세워 마을을 돌며 공연을 홍보하고 관중을 확보하던 관습에서 유래하였다. 첫 번째 통보가 울리면 무대에 배치했던 일부 도구를 치우고 제1막의 도구를 배치한다. 그리고 당일 무대에 오르는 모든 배우가 대기실[後臺]에 집합한다. 두 번째 통보가 울리면 배우들은 분장을 시작한다. 분장은 규칙에 따라 소화검(小花臉)부터 시작한다. 기록에 의하면, 이는 당 명황(明皇)이 일찍이 소화검 역을 맡았었기 때문이라고 한다. 세 번째 통보가 울리면 대기실에 모셔 놓은 직업신의 위패에 생(生) 역을 맡은 배우부터 차례로 분향한다. 이는 여러 배역 중에 생 역이 제일 중요한 역할이기 때문이다. 세 차례에 걸친 시작 통보가 끝나면 객석 관리인이 '공연을 시작합니다[開戲嘍]!'라고 외친다. 공연이 끝나고 '마지막 노래[尾聲]'가 나오면, 객석 관리인은 다시 '공연이 끝났습니다, 여러분께서는 소지품을 잊지 마십시오!'라고 외친다. 이밖에도 객석 관리인은 무대와 관중석의 모든 업무를 책임진다.

시작 통보가 끝나면 정식 공연이 시작된다. 정식 공연은 다시 몇 개의 축[軸子]으로 나뉜다. 옛날에는 극본의 대사를 두루마리로 된 종이에 붓으로 써넣어 보관하였다. 대사가 길면 두루마리가 두꺼워지고, 짧으면 가늘게 되었다. 그래서 '대축' '중축' '소축'의 이름이 생겨났다. 아울러 각 단계별로 비교적 중심이 되는 극목(劇目)을 '축자극(軸子戲)'이라고 하였다. 공연의 제1막을 일컬어 '개막장[開場戲]'이라고 한다. 개막장에서는 대부분 등장인물이 적고 간단한 이야기를 담은 극목(劇目)이 공연된다. 개막장이 끝나고 공연장의 분위기가 어느 정도 달아오를 때에 이어지는 극목을 '소축자' 혹은 '조(早)축자'라고 한다. 소축자가 끝나고 공연이 절반을 지났을 때 무대에 올리는 주요 극목을 '중축자'라고 한다. 그리고 공연의 마지막에 무대에 올리는 주요 극목을 '대축자'라고 한다. '대축자'의 바로 앞에 공연되는 극목은 '압축(壓軸)'이라고 하는데, 이는

'대축을 누르고 있다'는 뜻에서 비롯되었다. 초기 경극의 공연에서는 특히 무술극[武戱]을 중시하였기 때문에, 대축자와 중축자 및 소축자를 모두 무술극으로 채웠다. 그래서 '무축자[武軸子]'란 말이 생겨났다. 이런 순서로 하루에 보통 10막 이상의 극목을 공연하였다.

이밖에도 '임시극[墊戱]'과 '파장극[送客戱]'이 있었다. '임시극'이란 말 그대로 원래 정해져 있는 극목 이외에 임시로 덧붙이는 극목을 말한다. '임시극'은 주로 출연 배우가 부득이한 사정으로 공연에 참가할 수 없을 때에, 혹은 중요한 사람이 공연장에 오기로 하였는데 미처 도착하지 못했을 때에 이를 대신하기 위해 채워진다. 과거에는 주요 배우가 등장하는 장면이 주로 공연의 후반부에 배치되었다. 그런데 간혹 배우가 시간을 착각하거나, 다른 공연과 겹쳐 제시간에 오지 못할 경우가 생긴다. 그러면 대기실 관리자가 '임시극'을 편성하여 시간을 끌면서 배우를 기다린다. 연극계의 관례상 한 번 시작된 공연은 중간에 멈출 수 없기 때문이다. 배우가 도착하면 그 즉시 대기실 관리자의 신호에 의해 임시극을 마무리하고 원래의 극목을 공연하였다. 대기실 관리자는 임시극을 위해 일반적으로 아름다운 선율의 곤곡(崑曲)을 사용하였다. 전체 공연 중에서 비교적 곤곡이 적은데다가, 청중에게 분위기를 바꿔줄 수 있기 때문이었다.

'파장극'은 모든 공연의 맨 마지막에 하는 극목으로서 '대축자'와는 구별된다. 대축자는 유명 배우가 주연하고, 출연진 모두가 쟁쟁한 배우들로 구성되며, 유명한 극목을 선택하여 공연한다. 반면에 파장극은 보통 배우가 출연하여 일반적인 극목을 공연한다. 파장극으로는 이야기가 간단하고 동작 연출이 많은 무술극을 주로 배치한다. 관중은 대축자가 끝나면 이미 그날의 공연이 끝난 것으로 간주하여 자리를 떠나기 때문에 '손님을 보낸다[送客]'라는 이름을 얻게 되었다.

공연과 관련하여 매우 독특한 공연을 소개하고자 한다. 그것은 바로 '관우극[關公戱]'이다. '관우극'은 말 그대로 『삼국지』의 명장 관우를 주인공으로 하는 연극이다. 중국인들에게 있어 관우는 단순한 선호를 넘어서서 신앙의 대상으로 추앙받고 있다. 경극 발전 초기에는 '관우극'이 많지 않았고, 그나마 노래 위주의 공연이 대부분이었다. 그러다가 '살아 있는 관우[活關公]'로 불려지던 왕홍수(王鴻壽, 1850~1925, 예명은 삼마자(三麻子))가 30여 편의 관우극을 창작하면서 대폭 확대되었다. 이홍춘(李洪春) 역시 몇 편의 관우극을 창작하였다. 이렇게 인기를 끌던 관우극은 역사상 두 차례의 공연 금지 처분을 받았다. 첫 번째는 도광(道光, 1821~1850) 함풍(咸豊, 1851~1861) 연간의 일이었다. 당시 삼경반(三慶班)에 미희자(米喜子)라는 배우가 관우극에 뛰어났다. 어느 날 공연에 앞서 미희자는 술 한 병을 들고 대기실로 왔다. 무대 의상을 입고 앉아 있던 그는 등장에 앞서 가져온 술을 단숨에 비웠다. 그리고는 수염을 걸고 조용히 무대에 올랐다. 당시 관우가 등장할 때에는 왼손의 소매로 얼굴을 가리고 오른손은 소매를 받쳐 드는 것이 관례였다.

그가 무대 중앙에 이르러 소매를 내리자 관중은 깜짝 놀랐다. 평상시에 보던 붉게 분장한 얼굴이 아니었기 때문이다. 술 때문에 얼굴이 울그락불그락하고 검은 사마귀가 있고 붉게 충혈된 눈에 긴 수염을 단 살아 있는 관우가 등장하자, 평소 그를 추앙하던 관중이 자신도 모르게 무릎을 꿇고 절을 하는 촌극이 벌어졌다. 그 후 사람들은 '미희자가 공연을 하면, 관공이 되살아난다'고 말하였다. 그러자 조정에서 이를 빌미로 관우극의 공연을 금지시켰다. 일개 배우가 자신들의 경배 대상인 관우를 죽이고 살릴 수 없다는 것이 그 이유였다.

두 번째 금지 조치는 광서 말년에 있었다. 관우극의 대가로 이름을 날리던 왕홍수가 북경의 어느 극단에 소속되어 관우극을 공연하던 때였다. 당시 무대 앞에는 난간이 있고, 그 난간에는 반드시 그날의 연극 제목과 배우 이름을 적은 전단을 붙인다는 규칙이 있었다. 그런데 지나간 전단을 떼어내고 붙이는 것이 아니라 계속해서 그 위에 덧붙이다 보니 금방 두꺼워지곤 하였다. 그러면 관리인이 이를 떼어 난간 아래에 아무렇게나 쌓아놓았다. 그런데 그날, 맨 앞줄에 앉아 있던 관중이 피우던 담뱃불이 쌓아둔 전단에 옮겨 붙은 것이다. 불이 난 가운데, 무대에서는 왕홍수가 관우를 연기하고 있었다. 그러자 '불 속에서 관우가 부활했다'는 소문이 삽시간에 퍼졌다. 이에 조정에서는 소문을 잠재우기 위해 관우극 공연을 금지시켰다.

이처럼 원 잡극 이래로 오랫동안 관우의 형상을 신비화한 결과, 관우극을 공연할 때면 반드시 지켜야 할 몇몇 독특한 풍습이 생겨났다. 예를 들어 경극 발전 초기에는 관우극을 공연할 때, 관우 역을 맡은 배우는 관우에 대한 일종의 존경의 표시로서, 대기실에 들어서는 순간부터 입을 다물고 잡담하지 않았다. 아울러 향을 사르고 노란 종이 위에 관우의 이름을 적은 뒤 윗부분을 삼각형으로 접어 위패를 만들었다. 그런 다음그 위패를 모자 또는 웃옷 속에 넣고 공연을 진행한다. 공연이 끝나면 위패를 꺼내 그것으로 붉은 얼굴 분장을 문질러 지운뒤 불태운다. 그 뒤에야 배우는 말을 할 수 있었다. 관우에 대한 신비화는 관중의 감상 태도에도 영향을 끼쳤다. 옛날 '다원(茶園)'에서 경극을 관람할 때에는 차 마시고 담배 피우며 잡담을 나누는 등 어수선하기가 다반사였다. 그러나 관우극을공연하고 관우가 등장할 때면 모든 관중이 옷매무새를 추스르고 정신을 집중하여 관람하였다. 이는 황제도 예외가 아니었다. 궁중에서 관우극을 공연할 때면 관우가 등장하여 무대 위의 자리에 앉고 나서야 황제가 앉을 수 있었다. 이 모두가 관우에 대한 존경의 표시였다.

경극의 악기와 음악

경극의 음악은 '판강체(板腔體)' 구조로 되어 있다. '판(板)'은 넓고 가는 나무판 위를 끈으로 묶고 아래를 좌우로 벌려 마주쳐서 소리를 내는 타악기로서, 이를 통해 '박자의 형태[板式]'가 만들어졌다. '판강체'는 각기 다른 판식(板式)의 변화와 조합으로써 한 막[出] 또는 한 소절을 완성하여 각기 다른 희극 정서를 표현하는 형태를 말한다. 이 같은 판식 변화의 구조 방식은 방자강(梆子腔) 계통의

판을 들고 공연하는 모습.

67

음악 형식을 수용하여 발전시킨 결과이다. 각기 다른 판식(板式)의 변화, 즉 박자와 리듬의 변화를 통해 각종 희극 정서를 표현하고, 각기 다른 리듬과 속도로 인물의 다양한 심리와 어감을 관중에게 보여주는 것이다. 여러 판식 중에서도 원판(原板)이 가장 전형적인 형태를 취한다. 원판은 각종 판식의 기초가 된다. 이 기초 위에 선율이 다채롭게 증가하고 가창의 편폭이 확대되면서 만판(慢板)이 생겨났다. 한편, 원판의 박자를 압축하고 선율을 간소화하면서 유수(流水)와 쾌판(快板) 등이 생겨났다. 이러한 변화를 통해 경극의 음악은 희극성이 풍부해지고 표현력이 크게 증대되었다.

판식의 조합 과정에서 '고판(鼓板)', 즉 북의 작용은 절대적이다. 북 연주자는 악대를 지휘하는 역할을 한다. 그는 고판을 이용하여 서로 다른 리듬과 음색을 내고 이에 상응하는 동작을 취한다. 그는 무대의 연출 상황에 맞추어 다양한 힘과 속도로써 기타 악기 및 가창자가 순조롭게 다른 판식으로 이동할 수 있도록 도와주는 역할을 한다. 따라서 북 연주자는 희곡 악대의 지휘자라 할 수 있다.

경극의 악대에는 북 말고도 여러 다양한 악기를 포함하고 있는데, 대라(大鑼), 요발(鐃鈸), 소라(小鑼) 등의 금속악기와 경호(京胡), 이호(二胡), 월금(月琴), 삼현(三弦), 적자(笛子), 쇄눌(嗩吶) 등의 관현악기가 있다. 통상적으로 전자는 '무악(武樂)', 후자는 '문악(文樂)'으로 불린다. 징[鑼]과 북[鼓]은 희곡 음악에서 가장 중요한 악기이다. 이들은 분위기를 이끌 뿐만 아니라 극 전체의 리듬을 주도한다. 서로 다른 성질의 징과 북이 공연중 정형화된 몸동작과 어우러지면서 동작의 표현을 돕고 이야기 줄거리와 정서상의 일관성을 돕는다. 또, 노랫가락을 이끌거나 맺고,

경극의 악기 연주.

대사에서 노래로 넘어가는 과정에서 앞뒤의 맥락을 자연스럽게 이어주며, 이를 통해 대사의 어기와 노래의 리듬이 지닌 경중과 완급을 잘 조절하여 준다. 결과적으로 경극의 발전 과정에서 징과 북 같은 타악기는 변화와 발전을 거듭한 끝에 체계적인 정격(定格)을 만들어내었다. 이는 서양의 연극과 다른 중국 고유의 특색을 지닌 희극예술을 성립하는 데 이바지하였다.

이러한 타악기와 달리 노래와 함께 연주하는 관현악기도 있다. 경호(京胡)는 경극 음악의 주요 상징물로서, 경극 음악에서 결코 빼놓을 수 없는 주요 반주악기이다. 1920년대에 매란방의 공연에서 연주를 담당하던 왕소경(王少卿)과 서란원(徐蘭沅)이 여러 가지 개선할 점을 연구하다가 이호(二胡)를 경극의 반주악기로 채택하면서 경이호(京二胡), 즉 경호가 탄생하였다. 중국 음악을 들을 때 우리 귀에 익숙한 '띵, 띵, 띵, 따르르릉' 하는 소리가 바로 그것이다. 경호는 배우의 노래와 몸동

작에 맞추어 희극의 분위기를 이끌고, 더 나아가 경극만의 독특한 풍격을 만들어내는 중요한 상징이 된다. 그래서 관중이 한 번 듣기만 하면 이것이 다른 연극이 아니라 경극임을 쉽게 알 수 있도록 해준다. 경호는 경극의 가락을 결정짓는 가장 중요한 악기이다. 다양한 반주 기술을 통해 악기가 지닌 특성을 잘 발휘하여 노랫가락이 미처 담아내지 못한 감정을 보충하고 노래의 내용을 더욱 풍부하고 다채롭게 한다.

배우의 목소리를 이용하는 성악 역시 경극 음악의 주요한 구성 요소이다. 성악 역시 오랜 발전 과정 속에서 독특한 풍격과 전문적인 기술을 갖추게 되었다. 단어가 가진 발음과 뜻을 정확하게 전달하는 것은 성악에서 지켜야 할 제1의 원칙이다. 따라서 경극의 성악에서는 노래할 때에 글자와 소리, 소리와 감정 간의 상호관계를 매우 중시한다. 소리는 감정과 의사를 전달하기 위한 표현 수단이자 예술 수단이어서, 음색의 차이에 따라 각기 다른 성격과 특징을 지닌 등장인물을 만들어낸다. 거칠면서도 호탕한 '정'의 소리, 엄숙하면서도 안정된 '노생'의 소리, 쇠약한 '노단'의 소리, 발랄하고 쾌활한 '화단'의 소리 등은 선명한 대비를 이룬다. 소리는 숨과 성대의 진동에 의해 생겨나기 때문에 경극에서는 들숨과 날숨의 운용에 대해 매우 주의를 기울인다. 소리가 부드럽고 원만하면서도 아름답고 감동을 주기 위해서는 반드시 '정확한 발음[字正]'에 힘써야 한다. 그 다음에는 반드시 '글자 읽기[吐字]'와 '운 거두기[歸韻]' 및 '소리 닫기[收聲]'라는 성악의 법칙을 준수해야 한다. 한자의 독음에 나타나는 4성과 음양의 기초 위에 자음의 청탁(淸濁)과 시종(始終)을 구분할 수 있어야만 비로소 '정확한 발음과 부드러운 소리[字正腔圓]'에 이를 수 있다. 경극의 성악은 발성, 읽기[吐字], 호흡[運氣], 박자[行腔] 등의 기술을 종합한 것이다. 이를 통해 다른 부분과 어울러서 등장인물의 사상과 감정을 정확히 표현하려는 데에 그 목적이 있다.

경극의 의상과 분장

중국 연극계에서는 예부터 '7항(七行)'과 '7과(七科)'로 각 업무를 세분하였다. '7항'이란 앞서 살펴본 각 배역을 구분하는 말이고, '7과'란 각 공연 지원 부서를 통칭하는 말이었다. 그 중에서 '7과'는 각각 악대를 일컫는 '음악과', 의상을 담당하는 '극장(劇裝)과', 화장을 담당하는 '용장(容狀)과', 소도구를 담당하는 '용모(容帽)과', 검표를 담당하는 '극통(劇通)과', 연극 진행을 담당하는 '교통과', 기타 업무를 담당하는 '경려(經勵)과'를 지칭했다. 여기에서는 경극의 의상과 화장에 대해 다루고자 한다.

경극 공연에서 의상은 일반 연극과 영화 등의 공연예술과 달리 독특한 특징을 지닌다. 일반적으로 의상은 한 민족, 한 시대의 산물이자 표상이다. 그러나 경극의 의상은 시대성을 강조하지 않는다. 경극은 중국의 전 역사를 다루지만, 의상은 시대의 제약을 받지 않고 자유롭게 사용된다. 예를 들어 각각 당대와 청대를 다룬 경극에서 똑같은 의상을 사용하여 서로 다른 인물을 묘사한다. 현재 우리가 보는 경극의 의상은 기본적으로 명대의 복식을 기본으로 하여 무대 공연의 필요에 의해 약간의 변형을 거쳤다.

앞서 살펴보았듯이 경극의 의상은 종류에 따라 '제1옷상자[大衣箱]' '제2옷상자[二衣箱]' '제3옷상자[三衣箱]' '모자상자[盔箱]' '소도구상자[旗靶箱]' '여성 화장대[包頭卓]' '남성 화장대[彩匣子兼水鍋]' 등으로 나뉜다. 보관에도 엄격한 규칙이 있어 서로 다른 종류끼리 섞어놓아서는 안 되고, 각각의 상자 속에는 다음과 같은 물건이 담겨 있다.

제1옷상자 : 망포[蟒], 배자[帔], 관복[官衣], 창의[開氅], 겹옷[褶子] 등.

제2옷상자 : 장수복[靠], 신하복[箭衣], 포의 상의[抱衣], 포의 하의[抱褲] 등.

제3옷상자 : 보조복[水衣子], 민소매옷[胖襖], 색동바지[彩褲], 옷깃[護嶺] 및 장화[靴], 가죽신[鞋] 등.

모자상자 : 관모[冠], 머리장식[盔], 두건[巾], 모자[帽], 수염[髯口] 등.

깃발상자 : 휘장[帳子], 비호기(飛虎旗), 탁자보[卓圍椅

帔], 창[刀槍], 과녁[靶子] 등.

　　여성 화장대 : 여성 배역을 맡은 배우들의 화장대.

　　남성 화장대 : 남성 배역을 맡은 배우와 노단 배우의 화
　　　　　　　장대. 세숫대야[水鍋]를 겸한다.

　경극에서 의상과 장식품은 공연 분위기를 강조하고 각종
인물을 생생하게 묘사하기 위해 만들어졌다.

　문학에서는 인물을 묘사할 때 '칠흑 같은 눈썹, 별처럼 반
짝이는 눈동자, 앵두 같은 입술, 복숭아처럼 붉은 뺨, 사슴처
럼 긴 목, 백옥같이 하얀 피부' 등의 수식어를 사용하여 독자
들에게 무한한 상상의 공간을 제시한다. 그러나 공연예술이자
시각예술인 경극은 관중에게 등장인물의 성격을 직접적으로
제시해야 한다. 경극은 이를 위해 화장술을 활용하였다. 화장
은 경극에서 배역의 성격을 표현하는 주요한 수단으로서 일정
한 규칙에 의해 그려진다. 특히 '정'과 '축'은 일정한 격식에
따라 얼굴 도안이 결정되는데, 이런 격식을 일컬어 '검보(臉
譜)'라고 한다.

　검보의 기원은 남북조 시대까지 거슬러 올라간다. 북제(北
齊)의 난릉왕(蘭陵王)은 소녀보다 더욱 아름답고 하얀 얼굴을
가지고 있었다. 그래서 장군의 신분으로 적과 전투를 벌일 때
면 적군에게 여자 같다는 놀림을 당하기 일쑤였다. 난릉왕은
이런 놀림을 잠재우고 적군을 압도하기 위해 언제부터인가 흉
악한 모습의 가면을 쓰고 출정하였다. 그 후 적군은 난릉왕이

나타났다는 소리만 들어도 제풀에 낙담하여 앞다투어 도망쳤다고 한다. 이후 검보는 오랜 시간의 경험과 발전을 거쳐 고정된 격식을 갖추게 되었다. 그래서 '관우처럼 붉은 얼굴'과 '공평무사하고 강인한 포청천의 검은 얼굴' 등과 같이 전형적인 캐릭터들이 생겨났다.

경극 배우들의 얼굴 화장은 크게 기초 분장[俊扮]과 색조 분장[彩扮]으로 나뉜다. 기초 분장은 '흰 얼굴[素面 또는 潔面]' 또는 '연지 화장'이라고도 부른다. 먹으로 눈화장을 하고 연지로 얼굴을 발라 간단한 화장으로 아름다움을 표현하는 방법이다. 일반적으로 생과 단 역의 배우들이 많이 하며, 화장 순서도 비교적 간단하다. 색조 분장은 바로 검보를 그리는 것이다. 검보는 다시 그 다양한 형태에 따라 다음과 같이 세분할 수 있다. 먼저 '정검(整臉)'은 포청천과 관우처럼 긍정적 인물을 묘사한다. '수백검(水白臉)'은 엄숭과 번홍처럼 간사한 인물을 표현한다고 하여 '간백검(奸白臉)'이라고도 부른다. '십자문(十字門)'은 먼저 코끝에서 머리끝까지 하나의 색으로 일직선을 긋고, 다시 양쪽 눈 끝으로 이어지는 선을 그어 십자 모양을 만든다고 하여 붙여진 이름이다. 이것은 주로 장비 등의 인물을 묘사할 때 쓰인다. '쇄화검(碎花臉)'은 검보 중에서도 색채가 가장 화려하고 다양하며 도안이 가장 복잡한 검보이다. 녹색을 위주로 하고 사이사이 빨간색, 노란색, 회색, 흰색, 검은색 등을 이용하며, 다시 붉은색의 수염을 달아 용맹하고 괴이한 인상을 표현한다. 이밖에도 '원보검(元寶臉)' '육분검(六分

臉)'·'삼괴와(三塊瓦)'·'왜검(歪臉)' 등과 '축' 역의 '두부모[豆腐塊]'·'요자검(腰子臉)' 등의 특수한 신선요괴 검보가 많다. 예를 들어 손오공의 얼굴이 바로 신선요괴 검보에 속한다(그것은 다시 '남파'와 '북파'로 나뉘기도 한다).

모든 검보에는 주 색상과 보조 색상, 경계 색상, 바탕 색상의 구별이 있다. 검보를 그릴 때에는 몇 가지 색상을 사용하든 간에 하나의 주 색상으로 극중인물의 성격적 특징을 드러내야 한다. 주 색상을 제외한 나머지는 보조와 장식 역할을 담당하며, 해당 인물의 다른 성격적 특징을 보완해 준다. 예를 들어 붉은색은 관우처럼 충성과 강직 및 혈기 등을 상징하고, 자주색은 근엄과 장중 및 정의감 등을 상징한다. 검은색은 이중성을 띠어서, 한편으로는 포청천처럼 웃음기 없이 엄숙하고 강경한 성격을 표현하기도 하고, 한편으로는 수호 이야기 속의 이규(李逵)처럼 물불을 안 가리는 무모한 용기 등을 상징하기도 한다. 흰색은 조조처럼 간사함과 의심 많음, 흉악함, 포악함 등을 상징하고, 파란색은 강직과 도도함을 상징한다. 또, 노란색은 문인일 경우 꿍꿍이가 있음을 상징하고, 무장일 경우에는 용맹하여 선두에 뛰어남을 상징한다. 이밖에도 초록색은 다듬지 않아 거친 용기를 상징하며, 황금색은 위세와 장엄함을 의미한다. 신선이나 요괴 등의 배역에는 주로 황금색이나 은색을 사용한다.

극의 내용상 좌우 양쪽을 완전히 다르게 표현한 검보도 있다. 『서유기』를 다룬 「화염산」이란 작품에서 주인공인 손오공이 우마왕으로 변하는 장면이 있다. 영화에서라면 특수 분장으로 쉽게 처리할 수 있지만, 무대극에서는 매우 곤란한 부분이다. 그래서 배우의 얼굴 반쪽에는 원숭이의 모습을 그리고, 또 다른 반쪽에는 우마왕의 모습을 그려 넣는다. 무대에 올라서는 배우가 원숭이 얼굴로 공연하다가 결정적인 순간에 기술적으로 몸을 돌려 우마왕으로 변신한 모습을 보여준다. 그러나 이러한 연기는 시종일관 관중에게 측면만을 보여야지 얼굴 정면을 노출해서는 안 된다. 이 역시 검보의 실천 과정에서 생겨난 특수한 공연 형태이다.

이처럼 검보는 중국의 전통 희곡이 남긴 아름다운 예술품이다. 시간의 흐름 속에서 취사선택을 통해 응축되고 정제되어진 보석이라 할 수도 있겠다. 그러나 경극의 맥락이 사라진 지금, 검보는 더 이상 빛을 발휘하지 못하고 시대의 뒤안길로 사라지고 있다. 그래서 몇몇 예술가들은 검보를 바탕으로 정교한 공예품을 만들어 전통예술을 보존하기 위해 노력하고 있다.

또 하나의 배우, 관중

　관중은 연극을 이루는 필수 구성 요소 중의 하나이다. 경극 발전 초기에는 주로 궁중 인사들과 문인 학사를 중심으로 한 상류계층이 관중의 대부분이었다. 그 후 정치와 문화의 중심인 북경의 경제가 발전하면서 상인들 역시 관중의 주요 구성원으로 편입되었다. 그러다가 1900년대로 접어들면서 관중 층에 새로운 변화가 생겨났다. 문인 학사들을 대신하여 신식 교육을 받은 교사와 학생들이 새로운 관중으로 대두한 것이다. 아울러 신흥 관료들과 노동자, 소상인, 신흥 자본가 등도 경극의 애호가가 되어 관중의 폭이 크게 확대되었다. 그러나 최대의 변화는 바로 여성 관중을 '허용'한 일이다. 일찍이 청대 건륭(1736~1795) 연간부터 여성의 극장 출입이 제한되어 왔는

데, 150여 년 만에 이 제한이 없어지면서 공연 자체에도 변화가 생겼다. 이전까지 경극의 관중은 남성 위주였다. 따라서 배우 또한 노생과 무생 등 남성 연기자 중심이었고, 공연 내용역시 활극이 대부분이었다. 그러나 여성 관객이 증가하면서단 역의 지위가 노생을 뛰어넘는 일이 벌어졌다. 아울러 여성을 주인공으로 하는 공연이 큰 인기를 끌었다.

관중을 불러 모으기 위한 경극 최초의 광고는 실물을 이용한 형태였다. 어느 날 어떤 공연을 할지 결정이 되면, 그날의중요 공연에 쓰이는 주요 도구를 극장 문 앞에 걸어 놓는다.관중은 그 도구를 보고 그날의 공연이 무엇인지 알 수 있었다.이러한 광고 형태를 '내걸기[擺門]'라고 하였다. 그 후 경극 광고는 문자 위주의 형태로 바뀌었다. 이 광고는 대부분 채색 종이 위에 다양한 색으로 배우의 이름과 공연 제목을 적은 것으로서, 사람이 많이 다니는 거리에 붙여 관중을 유인하였다. 이런 광고를 '초지(招紙)' 또는 '초패(招牌)'라고 불렀으며, 나중에는 '포스터[海報]'라고도 불렀다.

청말 민국 초에 이르기까지 경극은 노래 위주였다. 특히 분장을 하지 않고 특별한 무대 의상 없이 공연하던 청의(靑衣)배우는 노래에만 신경을 썼지, 표정이나 동작 등은 크게 중시하지 않았다. 따라서 '연극을 듣는다[聽戱]'라고 하였지, '연극을 본다[看戱]'라고 말하지 않았다. '연극을 본다'라고 말하면연극을 모르는 촌놈이라고 놀림을 당하였다. 청의 배역의 배우는 대부분 무표정한 얼굴이었으며, 등장할 때에는 반드시

한 손은 내리고 한 손은 배를 잡고 똑바로 서서 나왔다. 이는 단아하고 정중한 고대 중국 여성의 전형적인 모습을 대표한 것이다. 청말 민국 초에는 왕요경(王瑤卿)을 필두로 하여 기존의 청의 배역을 새롭게 변화시키려는 노력이 시작되었다. 이들은 노래에만 치중했던 전통을 깨고 표정과 동작에도 신경을 써서 청의 공연의 폭을 넓혔다. 이리하여 지금처럼 '듣는 것'과 '보는 것'이 결합된 경극 감상이 이루어지게 되었다.

관중이 경극 공연을 감상하다가 마음에 드는 장면이 있으면 환호하거나 박수를 치는 방식으로 자신의 감정을 드러내게 되는데, 이를 북방에서는 '환호하다[叫好]'라고 하였고 남방에서는 '갈채를 보내다[喝彩]'라고 하였다. 그러나 나중에는 이 말을 함께 사용하였다.

갈채는 다시 정채(正彩)와 도채(倒彩) 및 병두채(梆頭彩) 등으로 나눌 수 있다. 정채는 앞서 말한 대로 공연을 감상하다가 마음에 드는 장면이 있으면 환호하거나 박수를 치는 것을 말한다. 도채는 배우가 공연 도중 실수를 했을 때 괴성을 질러 야유하는 것을 말한다. 어떤 경우에는 '좋다[好]'라는 말을 길게 끌다가 끝 부분에 의문부회[嗎]를 붙여 '좋으냐?'라는 뜻으로 비웃기도 하였다. 산동성 연대(煙臺) 지역의 관중은 배우의 연기가 맘에 안들 경우 탁자 위에 놓인 초롱불을 검은 천으로 덮어 불만을 표시하기도 하였다. 이렇게 '검은 등을 치켜드는 것[掛黑燈]'도 도채의 일종으로 볼 수 있다.

일부 저질 관중은 혼란 상태를 즐기기 위해 쉬지 않고 괴성을 질러 공연을 방해하기도 하였다. 그래서 언제나 극장의 기둥에는 '괴성과 야유를 금함'이라는 팻말이 걸려 있었다. 병두채는 유명 배우가 처음으로 등장할 때 열렬한 박수로 맞이하는 것을 말한다. 이처럼 관중에게 병두채를 받는다는 것은 그 배우의 예술 수준이 높거나 지명도가 있으며, 관중의 신임과 지지를 받고 있음을 의미한다.

갈채를 보낼 때에는 일반적으로 환호만 할 뿐 배우의 이름을 부르지 않는다. 그런데 관중이 보기에 정말 뛰어난 연기라고 생각되면 배우의 이름도 함께 외치는 경우가 있다. 이것 때문에 학수신(郝壽臣)이란 배우는 공교롭게도 극단에서 쫓겨나는 신세가 되었다. 1911년, 학수신은 삼악반(三樂班) 극단에 조연 배우로 입단하였다. 그 후 한번은 극단의 주연 배우인 이흠보(李鑫甫)와 함께 관우가 안량의 목을 베는 장면을 다룬「백마파 白馬坡」를 공연하게 되었다. 이때 이흠보는 관우 역을 연기하고 학수신은 조조 역을 연기하였다.「백마파」에서 안량은 계속하여 조조의 부하 장군들을 물리쳤다. 그러나 조조는 휘하에 관우가 있었기 때문에 마음의 여유가 있었다. 학수신은 당당하고 여유 있게 산 위로 오르는 조조의 모습을 멋지게 연기하였다. 이흠보는 무대 뒤에서 이를 지켜보며 내심 불편하였다. 이윽고 관우가 등장하여 안량의 목을 베었다. 그러자 징과 북소리와 함께 조조가 다가와 쓰러진 안량의 시체를 내려다보며 기쁨을 감추지 못하는 표정을 지었다. 그때 갑자기 무대 아래에서 환호성과 갈채가 이어졌다. 이흠보는 '자신의 연기 때문에 환호하나 보다' 생각하고 있는데, 느닷없이 '잘한다, 조조!' 라고 외치는 것이 아닌가! 순간 화가 난 이흠보는 대기실로 들어가 "그가 이 극단에 남아 있는다면 내가 나가겠다!"고 선언하였다. 결국 극단주는 학수신을 해고할 수밖에 없었다.

옛날에는 경극의 극장 안이 매우 혼란스러웠기 때문에 배우들은 시끌시끌한 분위기에서 공연하는 경우가 다반사였다. 그러나 일부 유명 배우가 무대에 오르면, 관중이 즉시 잡담을 멈추고 배우의 공연에 집중하기도 하였다. 이러한 배우들에게는 '좌중을 압도하는[壓堂]' 재주가 있었다. 이와 반대로 배우의 연기가 미흡하여 대다수의 관중이 공연 도중에 자리에서 일어나 극장을 나서는 경우를 일컬어 '관중이 퇴장한다[起堂]'고 하였다.

경극 발전 초기의 극장들은 차 마시고 사람 만나는 장소로서 공연 관람은 부차적인 것이었다. 따라서 차와 간식, 과일, 물담배, 공연 팸플릿, 물수건 등을 판매하는 것은 당연하였다. 이러한 현상은 경극이 발전함에 따라 공연의 비중이 높아진 뒤에도 꾸준히 계속되었다. 그 가운데 물수건 장사는 경극만의 독특한 풍습이었다. 이는 천진에서 처음 시작되어 광서 연간 초에 북경으로 유입되었다. 옛날 극장의 관중은 대부분 초대받은 손님들이었다. 그들은 초청한 사람과 식당에서 술과 식사를 한 뒤 배가 부른 상태에서 극장에 오기 마련이었다. 그럴 때 더운 차를 마시면 땀이 쏟아졌다. 특히 더운 여름날 붐비는 극장 안에 있으면 땀으로 범벅이 되곤 하였다. 그럴 때

찬 물수건으로 얼굴을 닦아주면 시원하기도 하고 상쾌하기도
하였다. 그래서 물수건 장사는 극장에서 없어서는 안 될 서비
스가 되었다. 수건으로 얼굴을 닦을 때에는 특별한 기술이 필
요하였다. 고급 손님들 자리는 대부분 2층에 있었기 때문에
물수건은 주로 2층에서 팔렸다. 1층에는 수건 빠는 일만 전문
적으로 하는 사람이 있어서, 수건을 빤 뒤 열 개를 한 묶음으
로 하여 2층으로 던진다. 그러면 조금의 실수도 없이 2층에
있는 사람이 받아 손님들의 얼굴을 닦아준다. 두 차례에 걸쳐
손님들의 얼굴을 닦고 나면 손님들은 각자 20~30문(지금의
200~300원)의 동전을 집어주었다. 수건 던지는 동작이 매우 정
확했기 때문에 일부 관중, 특히 외국인들은 아예 공연 관람을
뒤로 한 채 수건에만 관심을 쏟기도 하였다. 그러나 수건 하나
로 여러 사람의 얼굴을 닦다 보니 위생 문제가 염려되어 이후
정부에서 수건 사용을 금지시켰다.

경극의 관중 중에는, 일반적인 감상자의 수준을 넘어서서
경극 공연에 적극적으로 참여하는 사람도 있었다. 이들을 일
컬어 '표우(票友)'라고 하였다. 표우는 수준 높은 감상자로서
경극 공연을 깊이 이해하며, 배우의 공연에 대해 실질적인 비
평을 할 수 있는 사람들이었다. 이들이 곧 아마추어 배우 집단
을 형성하였다.

표우와 표방은 경극계에서 자주 사용되는 용어이다. 표우란
아마추어 배우와 악사를 일컬으며, 표방(票房)은 경극 애호가
들의 아마추어 조직을 가리킨다. 표우와 표방의 명칭에 대해

서는 여러 가지 설이 있다. 그중 표우와 표방이 청대 건륭 연간에 생겨났다는 설이 있다. 건륭제는 변방의 도시를 점령하기 위해 군사를 파견하였다. 대부분 만주인으로 구성된 병사들은 먼 이역 땅에서 고향을 그리워하였다. 그러자 황제는 팔기자제들에게 명하여 군인들에게 각종 공연을 베풀어 향수를 달래주도록 하였다. 그리고 그들에게 증명서를 발급하였는데, 그 증명서를 '표'라고 하였다는 것이다.

또 다른 설에서는 표방이 청 초부터 시작되었다고 한다. 청 정부가 중원을 점령한 뒤 한족들이 복종하지 않을 것을 염려하여 북경에 기구를 설치하고 이야기꾼을 양성토록 하였다. 그렇게 길러진 이야기꾼들은 민중이 좋아하는 곡예 형식을 빌어 청 왕조의 통치를 찬양하고 민심을 무마하였다. 이야기꾼들은 순회 공연에 나서기에 앞서 1인당 용표(龍票) 한 장씩을 받았다. 용표가 있으면 그들이 머물게 될 지역의 관아로부터 음식과 숙박을 제공받을 수 있었다. 아울러 공연장 설치를 위해 도움을 받을 수도 있었다. 이야기를 들으러 오는 관중도 돈을 낼 필요가 없었다.

또 나른 설은 '표방'이 원래 팔기자제들의 오락을 위한 산물이었는데, 이후 아마추어 경극 배우들의 연습 장소가 되었다는 것이다. 당시 팔기자제들이 공연을 하려면 반드시 내무부의 허가를 받아야 했다. 내무부에서 발급하는 증명서에는 두 마리의 황금용이 새겨져 있었기 때문에 '용표'라고 불렀으며, 증명서 위에 'OO 표방에게 발급하다'라는 글자가 씌어 있었다.

이처럼 여러 가지 설에도 불구하고 우리가 알 수 있는 것은, '표우'와 '표방'이라는 이름이 청초 강희(康熙, 1662~1722) 연간에 이미 언급되었으며, 도광(道光, 1821~1850)과 동치(同治, 1862~1874) 연간에는 이미 보편화되었다는 점이다. 표방은 처음에 북 장단에 맞추어 이야기를 풀어 가는 대고서(大鼓書) 공연을 위주로 하였으나, 후에 경극이 발전하자 경극 공연을 주요 공연 대상으로 삼았다.

앞서 살펴보았듯이 표방은 아마추어 경극 연기자의 조직이자 활동 장소이다. 표방은 일반적으로 귀족과 부호의 저택 안에 있는 비교적 넓고 탁 트인 건물에 설치되었다. 표방 활동 초기에는 연기자들이 모두 관중을 등지고 공연하였다. 표우의 대부분은 팔기자제와 문인들을 포함하여 왕가의 귀족이나 유명 인사여서 함부로 신분을 드러내기를 꺼려했기 때문이다. 권문세가와 부호의 집에 경사가 생기면 표우를 초빙하여 공연하였다. 초빙할 때에는 반드시 '부탁한다[請, 求]'라고 해야지, '써준다[雇]'라고 말할 수 없었다. 표우의 공연은 순수하게 취미 활동이었기 때문이다.

초창기 표우들 중에는 팔기자제와 문인들이 주요 구성원이었으나, 민국 초가 되어 표우에 참가하는 사람들의 폭이 확대되었다. 청대에서 민국 시기 동안에 북경에서만 백여 곳의 표방이 이름을 내걸었으며, 각 표방마다 많게는 백여 명 적게는 십여 명의 표우가 소속되어 있었다고 하니, 아마추어 활동의 왕성한 면모를 가늠할 수 있다. 그 가운데 취봉암(翠峰庵) 표방은 북경에서 가장 영향력 있는 표방이었다. 동치 초에 성립되었으며 청의 종실인 재안빈(載雁賓)이 세웠다. 재안빈은 어려서부터 경극을 좋아하여 어른이 되자 자신의 집 안에 있는 취봉암에 표방을 세우고 백여 명의 표우를 거느렸다. 특별한 이유는 알 수 없으나 매달 3, 6, 9가 들어가는 날이면 어김없이 공연을 열었다고 한다. 춘양우회(春陽友會)도 북경에서 이름을 떨친 표방으로서 경극 발전에 지대한 공헌을 하였다. 이는 1914년에 갑부집 아들인 번체생(樊棣生)에 의해 창립되었다. 춘양우회는 '봄볕이 밝게 비추니, 생기가 왕성하다[春陽明媚, 生氣旺盛]'는 뜻에서 따온 말이다. 춘양우회는 든든한 재정의 후원 속에, 매란방을 비롯한 경극계의 유명 인사를 초청하여 명예 회원으로 삼고 안정적인 공연 활동을 벌였다. 표우들의 진지한 태도는 취미 활동의 수준을 뛰어넘어 전문가를 뺨칠 정도였다.

이러한 표우와 표방 활동은 경극예술 발전에 큰 영향을 미쳤고, 일부 표우들은 아마추어의 틀을 벗고 전문가로 발돋움하여 크게 이름을 떨쳤다. 동광 13절 중의 하나인 유간삼이나 장이규, 왕소농 등이 바로 그러한 사람들이다. 이처럼 아마추어에서 시작하여 극단에 가입한 후 정식 배우가 되는 것을 '투신하다, 뛰어들다[下海]'라고 말하였다. 표우가 극단의 공연에 참가할 경우 광고판에 이름이 오르게 되는데, 이때 정식 배우와 구별하기 위해 '왕군소농(王君笑儂)' 하는 식으로 표우의 성과 이름 사이에는 '군(君)'자를 집어넣었다. 경극계로 '뛰어드는' 표우들은 대부분 예술적 감각이 뛰어났으나, 정식 극단 출신이 아니라는 이유로 다른 동료들로부터의 멸시를 피할 수 없었다. 그러나 경극계로 '뛰어든' 표우들 대부분이 청실의 귀족이거나 문인 관리들이었기 때문에 경극 배우의 사회적 지위를 높이고 문화적 소양을 풍부히 하는 데에는 나름대로 충분한 역할을 하였다.

경극과 중국 현대사

주지하듯이 중국 현대사는 격변의 시기였다. 서구 열강의 침탈과 청의 몰락으로 20세기를 맞이한 중국은 신해혁명과 5.4 운동으로 변화의 불씨를 당겼다. 그 후 중일전쟁과 국공내전을 통해 국내외적 갈등과 대립을 해소하고 1949년 중화인민공화국을 선포하였다. 그러나 공산당 지도부 내의 좌경 노선으로 인한 계획경제의 잇단 실패 이후, 문화혁명이라는 자가당착의 길을 걷게 된다.

문화의 주류는 이러한 정치적 격변기마다 독자성을 잃고 하나의 도구로 전락할 수밖에 없었다. 따라서 정치적으로 민감한 시기에 변화의 당위성을 알리는 선전·선동의 도구가 되었고, 격변기를 살아온 인생들에게는 아프고 시린 체험의 대

변장으로서의 역할도 하였다. 거칠게 말해서, 중국의 현대사는 문학과 예술작품에 담긴 사상성과 교육성에 치중한 나머지, 예술성과 미감을 추구하기에는 너무나 다급한 시기였다.

경극도 예외는 아니었다. 중화인민공화국 성립 이후 중국 정부는 전통극[京劇]과 현대극[話劇]에 대한 재정비와 활성화 작업에 착수하였다. 그 기준이 된 것이 대장정 시기에 모택동이 연안에서 발표한 「문예강화」(1942)였다. 문예와 정치는 불가분의 관계이며 무산계급의 예술을 표방한다는 것이 「문예강화」의 요지였다. 경극도 이러한 문예 정책의 영향을 받았고, '경극의 개혁과 현대화'란 깃발 아래 전통 양식을 이용하여 현대적 주제를 다룬 작품들이 생겨났다. 한편, 당의 좌경화를 우려하면서 각종 폐단을 시정하고자 노력하던 유소기(劉少奇) 총리는 1960년, 예술의 자율성을 존중하고 창작의 자유를 보장해야 한다는 주장을 담은 '문예 10조'를 발표하였다. 몇몇 작가들은 이러한 조치에 고무되어 당시로서는 '대담한' 내용을 담은 역사극을 창작하였다. 그 중에서 역사의 희생양이 된 사람이 바로 오함(吳晗, 1909~1969)이다.

명대 역사[明史]의 권위자이자 중공 성립 이후 북경시 부시장을 역임하기도 했던 오함은 1961년에 「해서가 관직을 버리다 海瑞罷官」라는 경극 극본을 창작하였고, 이 작품은 곧 북경 경극단에 의해 공연되었다. 이 작품은 다음해에 단행본으로 출판되었다. 「해서가 관직을 버리다」는 「명사 明史」에 기록된 사실에 근거하여 해서의 이야기를 다루고 있다. 송강부의 토호이자 퇴직 관리인 서계(徐階)의 셋째 아들 서영(徐瑛)은 아버지의 권세를 이용하여 백성의 논밭을 빼앗고 농부의 딸 조소란(趙小蘭)을 겁탈한다. 소란의 어머니가 이 사실을 관아에 고발하지만, 현령은 뇌물을 받고는 오히려 소란의 아버지를 곤장으로 때려죽이고 사건을 덮어버린다. 이즈음 감찰사직에 임명되어 평복 차림으로 부임길에 오른 해서가 백성들에게 이 사실을 전해 듣는다. 해서는 부임 즉시 현령에게 이 사건을 추궁하였으나 현령은 오히려 백성들의 모함이라고 주장한다. 그러나 해서는 사건을 재수사하여 서영과 현령에게 사형을 언도하고 서계에게는 부당하게 얻은 논밭을 돌려주도록 한다. 그러자 서계는 중앙의 지인들을 동원하여 새로운 감찰사를 임명한 뒤 형 집행 전에 그를 부임시켜 상황을 모면코자 일을 꾸민다. 그러나 해서는 이러한 계략을 눈치 채고 새로운 감찰사의 면전에서 과감하게 두 사람을 처형한다. 그리고는 감찰사의 인장을 벗어던지고 고향으로 돌아간다.

오함은 주인공 해서를 통해 명대 사회의 관료주의를 비판하고, 어떠한 강압에도 굴하지 않고 정당한 소신을 관철시키는 정신을 찬양하였다. 이는 곧 당의 결정이라는 미명 아래 문예계를 좌우하려는 권력 핵심부의 패권주의에 대한 정면 도전과 다름없었다. 그 결과 이 작품은 곧 정치 투쟁의 소용돌이에 휘말리게 되고, 향후 중국 현대사에서 엄청난 파장을 일으킨 문화혁명의 도화선이 되었다. 유소기의 개혁 정책이 성공하자 당내의 입지가 약화되었다고 판단한 좌파 세력은 나이가 들어

판단력이 흐려진 모택동의 후광을 등에 업고 새로운 판짜기에 돌입한다. 그 선봉에 모택동의 부인 강청(江靑)이 서 있었다. 강청의 지시에 따라 상해의 평론가이자 이후 사인방의 일원으로 활약하게 되는 요문원(姚文元)은 「해서가 관직을 버리다」가 공연된 지 5년이 지난 1965년 11월 10일, 「문회보 文匯報」에 느닷없이 "신편 역사극 「해서가 관직을 버리다」를 평한다"란 글을 발표하여 이 작품을 '당과 사회주의를 반대하는 독초'라고 비난하였다. 이를 기점으로 전혀 문화적이지 않은 '문화대혁명'이 촉발되었다.

1966년, 요문원의 글이 정치적으로 비화될 조짐을 보이자 총리인 유소기와 북경시장인 팽진(彭眞) 등은 이 문제를 조사하기 위해 '2월 요강(二月要綱)'을 발표하였다. 오함에 대한 비판으로 비롯된 충격을 학술 토론의 범위에 한정시키고, 정치투쟁으로는 확대하지 않겠다는 것이 주 내용이었다. 그러자 강청과 요문원, 왕홍문, 장춘교 등 이른바 사인방이 '4월 기요(四月紀要)'를 발표하여 정면으로 이에 대응하였다. 4월 기요는 문화혁명에서의 문예 운동, 창작 방침 등의 문제를 다룬 회의록으로서 이후 문화계를 지배하는 무기가 되었다. 이를 통해 강청은 자신의 의도대로 '마녀사냥'에 나설 수 있었으며, 많은 인재들이 그녀의 재물이 되어 큰 고초를 겪었다. 오함 역시 사인방에 의해 갖은 고문을 당하다가 끝내 의문사하고 말았다. 아울러 '해서 이야기'를 다룬 연극에 관련된 사람은 예외 없이 핍박을 받았다고 하니, 이것 자체가 하나의 웃지 못할

춘극이라 할 만하다.

그 후 1976년 문화혁명이 끝날 때까지 중국 연극계에서는 공식적으로 사인방이 선정한 여덟 편의 모범극[樣板戱]만이 허락되었다. 모범극이란 '혁명 모범극'의 약칭으로서, 1969년 이후 강청의 지도 아래 모범작으로 선별된 여덟 편의 작품을 가리킨다. 그중 「지취위호산 智取威虎山」「홍등기 紅燈記」「사가병 沙家浜」「홍색낭자군 紅色娘子軍」「백모녀 白毛女」등 다섯 편이 현대 경극이고, 이밖에 두 편의 발레극과 한 편의 교향곡이 있었다. 이들 작품은 모두 '사회주의 영웅의 형상'을 우선적으로 그리고 긍정적으로 그려내고, 주제를 먼저 결정한 뒤 작품의 등장인물과 줄거리를 구상한다는 사인방 나름의 문예이론에 입각하여 만들어졌다. 따라서 예술작품을 정치 선전의 도구로 전락시키는 부작용을 초래하였다.

「백모녀」의 한 장면.

1979년 중국 공산당 지도부는 문화혁명을 '위로부터 아래까지의 전면적 내란'이라 규정짓고, 오함을 비롯하여 이 기간 동안 비판받은 많은 사람들을 복권시켰다. 그러나 그 상처와 공백은 쉽게 치유될 수 없었고, 그들의 아픔은 원혼이 되어 중국의 문예계를 무겁게 짓누르는 원

죄로 작용하였다.

청 왕실의 적극적인 후원과 개입 아래 모든 문화가 집중되는 북경에서 통일화와 규범화의 길을 걸었던 경극은 20세기 후반에 이와 같은 파동을 겪으면서 굴절의 역사를 이어왔다. 그러나 개혁개방 이후 중국 문예계는 전통예술의 특성과 지방 문화의 독립성을 인정하면서, 경극을 비롯한 각종 지방극이 활성화되도록 애쓰고 있다. 그래서 중앙 정부와 각 성 정부가 협력하여 전통문화에 대한 재조명을 시도하고 있으며, 각급 학교를 설립하여 인재 양성에 힘쓰고 있다. 아울러 경극은 영화를 비롯한 현대적 예술 장르의 소재 개발에도 도움을 주면서 200여 년 동안 지켜온 생명력을 면면히 이어가고 있다.

이제 중국이라는 땅에서 태어나 자라난 경극이라는 열매가 시대의 변화라는 비바람을 이겨내고 현대극과 영화와 같은 새로운 예술에 맞서 자신의 정체성을 이어갈 수 있을지에 대해서는 인내심을 가지고 지켜볼 일이다. 아울러 경극에 대한 이해를 계기로 점차 퇴색해 가는 우리의 전통예술에 대한 무관심을 되새겨 볼 일이다.

참고문헌

강계철 외, 『현대 중국의 연극과 영화』, 보고사, 2003.

송철규, 『중국 고전 이야기(첫째권)』, 소나무, 2000.

_____, 『중국 고전 이야기(둘째권)』, 소나무, 2000.

양회석, 『중국희곡』, 민음사, 1994.

北京市藝術研究所·上海藝術研究所 編著, 『中國京劇史』(上·中), 中國戲劇出版社, 1990.

上海藝術研究所 外 編, 『中國戲曲曲藝辭典』, 上海辭書出版社, 1981.

余漢東 編著, 『中國戲曲表演藝術辭典』, 湖北辭書出版社, 1994.

葉大兵·烏丙安 主編, 『中國風俗辭典』, 上海辭書出版社, 1990.

葉濤, 『中國京劇習俗』, 陝西人民出版社, 1994.

曾白融 主編, 『京劇劇目辭典』, 中國戲劇出版社, 1989.

項晨·韶華, 『東籬采菊 : 京劇知識ABC』, 人民音樂出版社, 1999.

경극

초판발행 2004년 2월 10일 | 2쇄발행 2007년 2월 15일
지은이 송철규
펴낸이 심만수 | 펴낸곳 (주)살림출판사
출판등록 1989년 11월 1일 제9-210호

주소 413-756 경기도 파주시 교하읍 문발리 파주출판도시 522-2
전화번호 영업·(031)955-1350   기획편집·(031)955-1357

팩스 (031)955-1355
이메일 salleem@chol.com
홈페이지 http://www.sallimbooks.com

ISBN 89-522-0193-0 04080
       89-522-0096-9 04080 (세트)

   값 9,800원